성경원문 새번역 노트 vol. 19B

요한복음

저자 **황원하**

고신대학교 신학과(B.A.)와 고려신학대학원(M.Div.)을 졸업하고, 남아공화국 University of Pretoria에서 신학석사 학위(Th.M.)와 신학박사 학위(Ph.D.)를 받았다. 귀국 후 모교인 고신대학교와 고려신학대학원에서 신약학을 가르치다가 현재 산성교회 담임목사로 재직하고 있으며, 고신 총회인재풀운영위원회 전문위원, 고신 총회성경연구소 연구위원장, 월간고신 기획위원장, 고려신학대학원 외래교수(신약학 담당) 등의 직책을 맡아 활발히 활동하고 있다. 그는 우리나라 정서와 현실에 맞는 '한국형 개혁교회' 건설에 각별한 관심을 가지고 있다.

저서로는 『설교자를 위한 마가복음 주해』(CLC, 2009), 『요한복음 해설노트』(SFC, 2011), 『목회서신 주해』(교회와 성경, 2014), 『마태복음: 고신교단 설립 60주년 기념주석』(총회 출판국, 2014), 『갈라디아서 주해』(교회와 성경, 2014), 『하이델베르크 요리문답 해설』(교회와 성경, 2015), 『응답하라 신약성경』(세움북스, 2016), 『요한복음』(SFC, 2017), 『베드로전서 주해』(교회와 성경, 2018), 『언약의 관점에서 본 다니엘서』(교회와 성경, 2018), 『사도행전: 고신교단 설립 60주년 기념주석』(총회 출판국, 2019), 『요한복음』(개정판, SFC, 2021) 등이 있다.

성경원문 새번역 노트 vol. 19B

요한복음

초판 1쇄 인쇄 2022년 9월 29일
초판 1쇄 발행 2022년 10월 7일

지은이 총회성경연구소 황원하
책임편집 김하연 송영목
펴낸이 유동휘
펴낸곳 SFC출판부
등록 제104-95-65000
주소 (06593) 서울특별시 서초구 고무래로 10-5 2층 SFC출판부
Tel (02)596-8493
Fax 0505-300-5437
홈페이지 www.sfcbooks.com
이메일 sfcbooks@sfcbooks.com
기획 · 편집 편집부
디자인편집 최건호
ISBN 979-11-87942-71-9 (03230)
값 16,500원

성경원문 새번역 노트 vol. 19B

KATA IΩANNHN

요한복음

총회성경연구소 황원하

책임편집 김하연(Ph.D., 구약), 송영목(Ph.D., 신약)

SFC

목차

시리즈 서문

『성경원문 새번역 노트』를 출간하면서

1887년 존 로스John Ross가 신약성경을 한국어로 번역한 『예수성교젼셔』로부터 1998년 대한성서공회가 『개역개정』을, 2009년 한국성경공회가 『바른성경』을 출판하기까지 우리말 성경번역의 역사는 제법 오래되었다. 특히 1956/1961년에 번역된 개역한글판은 오랜 세월 동안 한국교회의 예배와 설교에서 중심적인 역할을 해 왔다. 그러나 늘 그렇듯이 원어에 좀 더 가까운 의미의 추구와 현대어와 거리감이 적은 언어에 대한 필요성은 계속해서 새로운 번역 개정을 요구하였다. 그리하여 여러 가지 사역을 통해 단편성경들이 번역되었고, 급기야 대한성서공회가 1995년에 『표준새번역』을 출판하게 되었다.

그런데 여전히 한국교회는 또 다른 문제에 봉착하게 되었다. 그것은 『표준새번역』이 원어에 충실하면서도 현대어로 번역되었다고 많이 강조되기는 했지만, 정작 의역이 너무 많은데다가 일부 내용에서는 정통 교단의 교리에 악영향을 줄 수 있는 요소들까지 포함한다는 것이었다. 상황이 이렇게 되자 대부분의 교단들은 『표준새번역』을 받아들이기를 거부하였다. 그래서 『개역개정』과 『바른성경』이 빛을 보게 된 것이다. 이 번역들에서는 매우 많은 발전들이 있었다. 원전의 의미를 충실히 반영하고 어투를 현대화했을 뿐만 아니라 정통교리와도 크게 모순되지 않았다는 점에서 그러했다.

번역은 계속 발전되어야만 한다. 신학과 성경 원문에 대한 연구가 점점 발전하면서 기존의 번역들 또한 끊임없이 개정되어야만 한다. 게다가 기존의 번역들이 지닌 한계점들이 점점 드러나기 때문에 새로운 번역, 더 정확한 번역이 항상 요구된다. 따라서 오고 오는 세대에 더욱 정확한 번역본을 전수해 주기 위해서는 끊임없이 원어와 본문이 연구되어야만 하고 또한 이런 것들이 새로운 번역에 적용되어야만 한다.

이런 이유로 대한예수교 장로회고신 총회성경연구소KBI는 지금까지 진행되어온 한글번역들과는 확연히 차이가 나는 성경번역 프로젝트를 세우게 되었다. 이 프로젝트에 적용된 몇 가지 중점사항들을 간략하게 기술하자면 아래와 같다.

1. 사본 비평을 통한 본문의 확정 작업

많은 번역들이 '원어에 충실한 번역'이라고 말하지만, 좀 더 엄격하게 말하자면, 어떤 사본에 충실했다고 표현해야만 할 것이다. 왜냐하면 안타깝게도 성경의 원전은 지구상에 보존되어 있지 않기 때문이다. 모세가 모세오경을 기원전 15~14세기에 기록했어도 그가 직접 기록한 말씀은 우리에게 보존되어 있지 않다. 현재 발견된 문서나 고고학적 유물 가운데 히브리어 성경의 가장 오래된 조각은 기원전 7~6세기경에 만들어진 케텝 힌놈Ketef Hinnom에서 발견된 은편자이다. 거기에는 민수기 6장 24~26절의 말씀이 기록되어 있다. 본격적인 구약성경의 사본은 기원전 3세기쯤에 필사된 쿰란 사본들이라고 할 수 있다. 거기서 작게는 가로세로 6센티미터의 여호수아 사본에서 긴 것은 7미터가 넘는 이사야서 사본1QIs[a]이 발견되었지만, 이것이 처음 모세나 이사야에게서 기록된 바로 그 문서라고 보기는 힘들다. 그보다 이것은 오랜 세월의 전수 과정을 지나온 결과물들이다.

구약성경 사본은 6,000개쯤 되고 신약성경의 사본은 5,000개쯤 되는데, 보존되어 온 모든 사본들에서 서로 조금씩 차이가 있다. 심지어 많은 사본들에서 필사자들의 실수도 발견된다. 안타깝지만 이는 부인할 수 없는 사실이다. 그러므로 성경연구자들은 부득이 다음 두 가지 중 한 가지 방법을 선택할 수밖에 없다. 하나는 전통으로 내려오는 사본들 가운데 하나를 선택하여 그것을 정경으로 인정하고 권위를 부여하는 것이다. 소위 'Textus Receptus'가 되는 것이다. 이는 정치적인 방법으로 받아들이게 된 것이기 때문에 전문용어로는 'political version'이라고도 한다. 유대교와 기독교에서는 구약의 본문에 대해 이런 방법을 써 왔다. 오늘날 대부분의 신학자들과 목회자들에 의해 사용되는 구약 히브리어 성경본문은 BHK나 BHS에 채택된 본문인 소위 '마소라 본문' Codex Leningrad B19a 사본이다.

주의할 것은 이 정치적 본문이 완전한 본문이라거나 오류가 없는 본문이라는 말은 아니다. 실제로 기원전 3~2세기에 히브리어와 아람어에서 헬라어로 번역된 칠십인역the Septuagint은 그 내용이 마소라 본문MT(Masoratic Text)과 많은 곳에서 차이를 보이고 있다. 쿰란에서 발견된 구약사본들과 사마리아 오경 등에는 또 다른 차이점들이 있다. 심지어 마소라 본문 자체에서도 서로 모순되는 부분들이 여러 곳에서 발견된다. 예를 들면, 열왕기하 9장 15절에서, 기록된 본문K^{e}tib(크티브)은 לגיד레기드라고 읽지만, 여백에 기록된 마소라 학자들의 교정 부호인 '읽어야 할 본문Q^{e}re(커리)'은 להגיד레하기드로 읽는다. 이외에도 구약성경에는 1300회에 이르는 커리가 있다. 사무엘상 13장 1절을 마소라 본문에 따라 읽으면, 사울은 한 살에 통치한 것이 되는데, 이는 분명 문제가 있는 부분이다. 그러므로 좋은 번역을 위해서는 반드시 본문비평과 정확한 본문선택이라는 과정이 필요하다.

2. 원어에 대한 문법적이고 정확한 직역

번역은 일단 원문에 충실한 문자적인 직역이어야 한다. 그렇지 않으면 번역자의 이해에 따른 자유로운 해석이 반영될 것이고, 그럴 경우 자연스럽게 원저자의 의도와는 다른 것이 전달될 수 있기 때문이다. 예를 들어, 『한글개역』, 『개역개정』, 『바른성경』은 창세기 1장 26절을 "우리의 형상대로, 우리의 모양대로"라고 번역한다. 그런데 이는 단어만 다를 뿐 그 내용에서는 별 차이가 없는 번역이다. 그러나 히브리어 본문의 בצלמנו כדמותנו베짤메누 키드무테누는 그 의미에서 차이가 있다. 즉, 앞의 단어 '쩰렘'은 분명 '형상', 또는 '모양'을 뜻하지만, 두 번째 단어 '드무트'는 직역하면 '닮음likeness'이라는 뜻이다. 즉 본문은 "우리의 형상대로, 곧 우리와 닮게"로 번역되어야 한다. 이렇듯 원문을 따라 직역해 놓으면 그 다음 해석의 단계에서도 많은 차이가 있게 된다.

또 다른 예로, 『개역개정』과 『바른성경』의 경우, 여러 곳에서 히브리어 감탄사 'הנה히네, 보라'를 생략하는데, 그럴 경우 본문의 어감을 확실하게 살리지 못하게 된다. 마태복음 16장 19절의 "천국 열쇠를 네게 주노니"에서도 일반 한국어 번역은 '열쇠'를 한 개singular, 즉 단수로 번역한다. 그래서 자칫 이 열쇠를 천국문을 여는 열쇠로 오해하거나, 이를 받은 베드로의 수장권을 주장하는 근거로 사용할 수 있지만, 사실 헬라어 본문은 복수 단어 'τὰς κλεῖδας타스 클레이다스, 열쇠들'를 사용한다.

3. 문맥과 관용어구의 이해는 물론 원어의 문학적 특성들을 살림

성경은 문학적 특성을 가지고 기록되었다. 그러므로 원어 성경이 가지는 문학적 특성이나 관용어구, 문맥적 이해, 나아가 원어의 문학적 기법에 나타난 묘미를 이해하고 살릴 수 있어야 원저자의 의도를 분명히 전할 수 있다. 예컨대, 원어 본문에 나오는 워드 플레이, 시가서의 아크로스틱acrostic, 대구對句, 그리고 문장의 구조들과 마소라 본문의 엑센트 등을 번역에 반영하면 훨씬 생동감 넘치게 될 것이다. 예를 들면, 예레미야 1장 11~12절의 "예레미야야 네가 무엇을 보느냐 하시매, 내가 대답하되 내가 살구나무 가지를 보나이다"에서 『개역개정』은 원어를 제대로 번역하지 못했다. 여기서 '살구나무'로 번역한 것은 명백한 오역이다. 원어는 『바른성경』에서 바르게 번역했듯이, '솨케드아몬드나무'이기 때문이다. 그러나 이 본문은 그렇게 히브리어 낱말을 직역하는 것만으로는 충분하지 않다. 하나님의 말씀은 이 '솨케드'란 단어와 12절에 '지켜보고'『바른성경』라는, 같은 어근을 지닌 단어를 사용함으로써 일종의 워드 플레이 기법을 이용해 메시지를 더욱 명백하게 하고 있기 때문이다. 성경에는 이와 유사한 워드 플레이가 500여개나 있다.

4. 원어에 대한 보다 깊은 연구들을 바탕

성경에는 많은 *hapax legomenon*한 번만 출현하는 단어이 있다. 그런 단어를 번역하기란 결코 쉽지 않다. 또한 조금만 깊은 관심을 가진 분들이라면 BDBF. Brown, S. R. Driver, C. A. Briggs eds 사전에 수많은 물음표들이 있음을 발견하게 될 것이다. 이는 사전 편집자로서도 모른다는 말이다. 나아가 번역자는 하나님의 이름인 Tetragrammaton신성 4문자, יהוה, 보통 '여호와'라고 번역됨을 어떻게 번역해야 할지도 고민해야 한다. '여호와', '야훼' 등은 모두 옳은 음역이 아니다.

본 프로젝트는 위에서 다룬 고려해야 할 부분들을 최대한 적용하고 연구하면서 진행되었다. 일차적으로 본문비평작업을 통해서 본문 확정의 단계를 거친 후, 원문을 철저히 연구하고 직역했을 뿐 아니라 꼭 필요한 부분에는 번역노트를 첨부해서 성경본문을 풍성하게 이해할 수 있도록 원문연구자료를 보충하고 가능한 관련된 참고문헌까지 연결하는 일을 감당하였다. 실로 큰 작업이며 또한 시간이 많이 요구되는 일이 아닐 수 없다. 그리하여 긴 성경은 단행본으로 그리고 짧은 성경들은 여러 권을 묶어서 한 권으로 출판하기로 하고,

성경 66권 전체를 24권에 나누어 담기로 했다. 이러한 프로젝트는 지금껏 한국어 성경번역에서 전혀 시도된 바가 없으며, 실제로 세계에서도 찾아볼 수 없는 기획이다. 이를 위해서 보배로운 연구와 산고를 치르며 참여하시는 모든 성경학자들께 미리 감사드린다. 또한 예리한 관찰력과 뛰어난 전문 편집자의 능력으로 한글과 원문을 넘나들며 세심하게 교정 작업을 감당해 준 SFC출판부 이의현 목사에게도 감사한다.

이 『성경원문 새번역 노트』 프로젝트로 인해서 신학자들, 목회자들, 신학생들 그리고 진지한 성경연구자들에게 더 정확하고 확고한 성경번역과 연구자료를 제공하고자 한다. 그러나 이 또한 완전할 수는 없을 것이다. 다만 이 세대가 이룬 충분한 연구를 통해서 준비하고, 미비한 부분은 다음 세대에 또 의탁할 수밖에 없다.

대한예수교 장로회(고신)
총회성경연구소장 김하연 목사(Ph. D.)

『성경원문 새번역 노트』 vols. (24권)

<구약>

vol. 1. 창세기

vol. 2. 출애굽기

vol. 3. 레위기

vol. 4. 민수기

vol. 5. 신명기

vol. 6. 여호수아/사사기/룻기

vol. 7. 사무엘상하

vol. 8. 열왕기상하

vol. 9. 역대상하

vol. 10. 에스라/느헤미야/에스더

vol. 11 욥기

vol. 12. 시편

vol. 13 잠언/전도서/아가

vol. 14. 이사야

vol. 15. 예레미야/애가

vol. 16. 에스겔/다니엘

vol. 17. 12소선지서

<신약>

vol. 18. 마태복음/마가복음

vol. 19A. 누가복음 / vol. 19B. 요한복음

vol. 20. 사도행전/로마서

vol. 21. 고린도전후서/갈라디아서

vol. 22. 에베소서/빌립보서/골로새서/데살로니가전후서/디모데전후서/디도서/빌레몬서

vol. 23. 히브리서/야고보서/베드로전후서/요한1, 2, 3서/유다서

vol. 24. 요한계시록

『성경원문 새번역 노트』 번역 및 편집 원칙

1. 번역 대본으로 구약성경은 Biblia Hebraica Stuttgartensia의 마소라 본문인 Codex Leningrad B19a을, 그리고 신약은 Nestle-Aland, Novum Testamentum Graece 28을 사용한다. 필요시 본문 확정을 위해서 본문비평에 관한 사항을 난하 <번역 노트>에서 다룬다.
2. 번역은 가능한 성경 원문의 구문, 문법, 문체를 충실히 따른다. '형식일치의 번역이론'에 따라 가능하면 성경 저자의 의도를 살리면서 성경의 의미를 쉽게 이해할 수 있게 한다. '형식일치의 번역'은 성경원문의 언어나 문장구조뿐만 아니라 수사학적 또는 미학적 표현도 가능한 일치하게 번역하므로 성경 저자의 의미를 오역할 가능성이 훨씬 적다.
3. 현재 중·고등학교 교과서에서 사용하는 언어로 문법 및 어법에 맞게 번역한다. 『개역개정』의 장단점을 보완하여 현대 한국인으로 초등교육을 받은 사람이라면 누구나 쉽게 이해할 수 있도록, 한자식이 아닌 한글식의 바른 말과 표준말로 문어체와 구어체를 혼용하여 맞춤법에 따라 문장 흐름의 유연성을 높여 읽기 쉽고 이해하기 쉽게 번역한다.
4. 성경의 인명, 지명, 토착화된 신학 및 전문용어, 월력, 도량형 등은 일단 『개역개정』을 따르고성막, 성소, 언약, 홍해, 인자 등, 필요시에만 정확한 원어 발음을 따른다. 또한 『개역개정』이 동일 인명이나 지명을 다르게 표기한 경우 더 익숙한 표현으로 통일한다.
5. 성경에 나오는 일부 유명한 지명에 대해서는 우리나라의 중·고등학교 교과서에서 사용하는 명칭대로 이집트, 다마스쿠스, 에티오피아, 페르시아 등과 같이 그 음역을 바꾸어 역사적 현실감을 갖도록 한다.

6. 일반적으로 Tetragrammaton신성 4문자, יהוה, YHWH을 '여호와'로 음역하는 것은 잘못된 독법이다. 정확한 독법을 알 수 없으므로 본 번역에서는 마소라 학자들의 읽기 전통인 '아도나이'히, '주님'와 이 신성4문자를 '큐리오스'헬, '주님'로 번역한 칠십인역의 읽기 전통을 따라서 고유명사인 YHWH는 '**주**'볼드체로 표기하였다. 따라서 다른 한글 번역에서 '이스라엘의 하나님, 여호와' 또는 '우리 하나님, 여호와' 등으로 번역된 부분에 대해서는 히브리어 본문의 어순대로 '**주** 이스라엘의 하나님' 또는 '**주** 우리 하나님' 등으로 바꾼다. 그리고 YHWH의 대명사 또는 인칭접미어의 '그/그의/그를'의 경우는 '주/주님의/주님을볼드체 아님'로 사용할 수 있다. YHWH의 극존칭 대명사 '당신'도 '주/주님볼드체 아님'으로 한다.
7. 장과 절은 개역개정을 원칙적으로 따른다. 장절의 구분이 원문 성경BHS, NA과 차이가 날 경우 원문의 장절은 <번역 노트>에 표기한다.
8. 매 페이지 하단에 <번역 노트>를 두어서 단어나 구에 대한 바른 번역의 근거가 되는 연구사항을 참조하도록 한다. 참고문헌이 언급되어야 할 경우 <번역 노트>에는 저자, 연도, 페이지만 간략히 밝히고예. 홍길동, 2015: 56, 상세 서지 사항은 참고 문헌Bibliography에 기록한다.
9. 성경 원문의 표기 다음에 괄호 안에 한글로 음역을 한다.

『요한복음』 번역의 특징

1. 무엇보다도 그리스어 원문을 중심으로 가능한 직역하여, 느낌이 생생하고 정확하도록 했다. 의역은 번역자의 느낌을 전달하여 독자에게 유익할 수 있지만, 원문의 직역은 성령님께서 직접적으로 독자에게 깨닫게 하는 장점이 있다.
2. 인명과 지명 등의 고유명사는 원문의 발음을 참고하여 현대의 용례를 따랐다.
3. 난하 <번역 노트>는 번역의 정확성을 뒷받침하는 내용인데, 그리스어 낱말의 정확한 의미, 성경 사본들의 본문비평 작업과 원문 선택의 문제 등을 다루었다. 본문 비평의 등급은 UBS5/GNT5의 각주를 활용했다.
4. 신체장애를 표기할 때는 가급적 순화된 용어를 사용했다. 예를 들어, 개역개정은 요한복음 5장 1절과 9장 1절의 τυφλός(튀플로스, blind)를 '맹인'으로 번역했으나, 이러한 용어는 장애인을 비하할 수 있으므로 이 책에서는 '맹인'을 '시각장애인'으로 번역했다.

약어Abbreviations 및 용어 해설

그리스어 사본 및 본문비평

046	주후 10세기에 필사된 그리스어 대문자 사본
051	주후 10세기에 필사된 그리스어 대문자 사본
1611	주후 12세기에 필사된 그리스어 소문자 사본
2053	주후 13세기에 필사된 그리스어 소문자 사본
다수사본	주후 800년 이후의 그리스어 소문자로 필사된 많은 사본들
א	주후 4세기에 필사된 그리스어 대문자 시내산 사본
A	주후 5세기에 필사된 그리스어 대문자 알렉산드리누스 사본
{A}	세계성서공회연합회가 출판한 The Greek New Testament 제5판의 편집자 5인 모두가 하나의 이문異文이 원본에 일치한다고 동의한 본문비평의 최고 등급
C	주후 5세기에 필사된 그리스어 대문자 사본
P	주후 9세기에 필사된 그리스어 대문자 사본
p[47]	주후 3세기에 파피루스에 필사된 그리스어 대문자 사본 47번

그리스어 신약성경

GNT 5	세계성서공회연합회가 출판한 The Greek New Testament 제5판
NTG 28	독일성서공회가 출판한 Novum Testamentum Graece 제28판

현대어 성경 번역본

공동번역	1977년에 개신교와 천주교가 함께 번역 출간한 한글성경
Bybel	1983년판 아프리칸스Afrikaans 성경
ESV	English Standard Version
KJV	King James Version
Lutherbibel	1984년판 독일어 루터성경
NIV	New International Version
NRSV	New Revised Standard Version
RSV	Revised Standard Version
TEV	Today's English Version

요한복음

원문 새번역 & 노트

요한복음 1장

1 태초에 말씀이 계셨다.[1] 그 말씀이 하나님과[2] 함께[3] 계셨으니, 그 말씀은 하나님이셨다.[4]

---

1. ἦν(엔)은 미완료 능동태 직설법 3인칭 단수이기에 개역개정처럼 '계시니라'보다 '계셨다'로 번역하는 것이 바람직하다. 바른성경과 천주교 성경은 이 단어를 '계셨다'로 번역하며, 대부분의 영어 성경도 이를 'was'로 번역한다. 이것은 미완료이기에 말씀이 '계속해서 계시고 있음'을 의미한다.
2. 요한복음에서 '예수님'을 '하나님'이라고 직접적으로 칭한 곳은 세 군데이다. 1:1(프롤로그의 시작)과 1:18(프롤로그의 끝)과 20:28(결말)이다(참고. Harris, 2015: 20).
3. 전치사 πρὸς(프로스)는 대격과 결합할 때 어떤 방향을 향하여 움직이는 것을 의미한다(예. 눅6:47의 πᾶς ὁ ἐρχόμενος πρός με[나를 향하여 나아오는 자마다]). 그러나 이 단어가 상태 동사 εἰμί(에이미)의 영향을 받아 '함께(with)'라는 뜻이 되는 수가 있다(Wallace, 1996: 359). 따라서 상당수의 우리말 성경과 영어 성경은 이 단어를 '함께(with)'라고 번역한다. 하지만 Novakovic은 이 단어가 어떤 인격체와 결합했을 때 그 인격체와의 상호 관계를 묘사한다고 주장한다. 그래서 그는 이 단어의 동적인 의미(dynamic sense)를 고려하여 πρὸς τὸν θεόν(프로스 톤 쎄온)을 'in fellowship with God'로 번역해야 한다고 말한다(Novakovic, 2020a: 2). 따라서 이 책에서는 가급적 직역을 하고자 이 단어를 '함께'라고 번역하지만, 이 단어가 '교제하고'라는 의미를 내재한다는 점을 밝힌다(참고. Waetjen, 2001: 265~86).
4. 여기에도 ἦν(엔)이 사용되었는데, 이는 εἰμί(에이미)의 미완료 능동태 직설법 3인칭 단수이기에 개역개정처럼 '이시니라'보다 '이셨다'로 번역하는 것이 타당하다.

2 그분은[5] 태초에 하나님과 함께 계셨다.
3 만물이 그분을 통하여[6] 있게 되었으며,[7] 있게 된 것 중에서 그분 없이
있게 된 것은 하나도 없었다.[8]
4 그분 안에 생명이[9] 있었으니, 그 생명은 사람들의 빛이었다.

---

5. 이 책에서는 우리말의 어감을 고려하여 '주님'을 가리키는 3인칭 단수형 '그'를 '그분'으로 번역한다.
6. 개역개정은 δι' αὐτοῦ(디 아우투)를 '그로 말미암아'라고 번역했지만, 바른성경과 천주교 성경은 '그분을 통하여'라고 번역했다. 이 단어는 원인을 나타내는데, 여기서는 '그로 말미암아(NASB: 'by him')'라고 번역하기보다는 '그분을 통하여(ESV: 'through him')'라고 번역하는 것이 원 의미에 더 가깝다(Wallace, 1996: 434). 이는 문맥에서 이 단어가 뜻하는 것 때문인데, 요한은 1차 창조자가 하나님이시고, 2차 창조자가 예수님이시라는 사실을 드러내고자 한다(Novakovic, 2020a: 3).
7. ἐγένετο(에게네토)는 개역개정에 '지은 바 되었으니'라고 번역되어 있고, 바른성경에 '창조되었으며'라고 번역되어 있다. 이 단어는 '이다(become)' 혹은 '있게 되다(come into being)'라는 뜻의 아오리스트 동사이다(Zerwick, 1996: 285).
8. '있게 된 것 중에서'는 헬라어 원문의 제일 마지막에 나오는 ὃ γέγονεν(호 게고넨)을 번역한 것이며, '하나도 없었다'는 ἐγένετο οὐδὲ(에게네토 우데)를 번역한 것이다.
9. 여기서 '생명(life)'은 '영생(eternal life)'을 의미한다(참고. Louw and Nida, 1988: 11).
10. 개역개정은 정관사 없이 '빛'이라고 번역하지만, τὸ φῶς(토 포스)에 정관사가 붙어 있고, 이 빛이 1:4의 바로 그 '빛'을 가리키므로 '그 빛'이라고 번역하는 것이 타당하다. 바른성경과 천주교 성경도 정관사를 붙여서 번역한다.
11. '비치나'에 해당하는 헬라어는 φαίνει(파이네이)로 현재형이다. 이는 빛이 계속해서 생생하게 비추어지고 있음을 암시한다.

5 그 빛이[10] 어둠에 비치나,[11] 어둠이 그것을 깨닫지 못했다.[12]

6 하나님으로부터 보내심을 받은 사람이 있었으니, 그의 이름은 요한
이었다.

7 그가 증언하러 왔는데, 그가 그 빛에 관하여 증언하려 했고,[13] (그리하
여) 모든 사람이 그를 통하여 믿게 하려는 것이었다.

8 그는 그 빛이 아니었고, 다만 그 빛에 관하여 증언하러 (왔다).[14]

9 모든 사람을 비추는 참 빛이 세상에 오셨다.

10 그분이 세상에 계셨고, 세상이 그분을 통하여 있게 되었으나, 세상
은 그분을 알지 못했다.

11 그분이 자기 땅에 오셨으나, 자기 백성들이 그분을 영접하지 않았다.[15]

---

12. *κατέλαβεν*(카테라벤)의 원형 *καταλαμβάνω*(카타람바노)는 '깨닫다'와 '이기다'의 의미를 모두 가지고 있다(참고. BDAG, 519~20). 따라서 NASB는 'comprehend'로 번역했고, ESV는 'overcome'으로 번역했다. 천주교 성경은 '깨닫지'라고 번역했으나, 바른성경은 '깨닫지'라고 번역하면서 난하주에 '이기지'라는 의미가 있다고 언급했다. 이것은 요한복음의 '이중의미(double entendre)'에 속하는데, 이 책에서는 '깨닫지'라고 번역하면서, '이기지'의 의미가 같이 있음을 밝힌다(참고. Van der Watt, 2005: 463~81). 그리고 이 단어는 아오리스트이므로 과거로 번역한다.
13. *ἵνα μαρτυρήσῃ*(히나 마르튀레세)와 *ἵνα πιστεύσωσιν*(히나 피스튜소신)은 *ἵνα*+가정법 형태로 목적을 표시한다.
14. 헬라어 원문에는 '왔다'가 없다. 하지만 우리말 성경과 상당수 영어 성경은 문장의 완성을 위해서 '왔다(came)'를 넣었다. NASB는 'came'을 이탤릭체로 만들어서 원문을 살리고자 노력했다.
15. 헬라어 원문에는 '땅'이라는 단어가 없고 τὰ ἴδια(타 이디아), 즉 '그분의 것(NASB: 'His own')'이라고 되어 있으며, '백성'이라는 단어가 없고 οἱ ἴδιοι(호이

12 그러나[16] 그분을[17] 영접하는 모든 자,[18] 곧 그분의[19] 이름을 믿는 자들
에게는 하나님의 자녀가 되는 권세를 주셨다.
13 그들은[20] 혈통으로부터나, 육체의 뜻으로부터나,[21] 사람의 뜻으로부

이디오이), 즉 '그분의 것들(NASB: 'those who were His own')'이라고 되어 있다. 하지만 이 단어들은 각각 '그분의 땅'과 '그분의 백성들'을 의미한다(Harris, 2015: 30; 참고. Zerwick, 1996: 286).

16. 헬라어 원문에는 '그러나'에 해당하는 접속사 δὲ(데)가 있으나, 개역개정은 이를 번역하지 않았다. 이 접속사는 문두에서 내러티브의 전환이나 변화를 알려주는 역할을 한다. 이 책에서는 이러한 접속사들을 필요에 따라서 번역하거나 생략한다.

17. 헬라어 원문에는 '그분을'에 해당하는 대격 αὐτόν(아우톤)이 있으나, 개역개정은 번역하지 않았다.

18. 관계대명사 ὅσοι(호소이)는 'as great as' 혹은 'as many as'란 뜻이다(참고. NASB). 그래서 바른성경은 이 단어를 '누구든지'로 번역했다. 하지만 천주교 성경은 '모든'으로 번역했다. Novakovic은 이 단어를 'all who'라고 번역할 수 있다고 주장한다(Novakovic, 2020a: 10; ESV; NRSV; 참고. Harris, 2015: 30).

19. 헬라어 원문에는 속격 '그분의'에 해당하는 αὐτοῦ(아우투)로 되어 있으나, 개역개정은 '그'라고 번역했다.

20. 헬라어 원문에는 οἳ(호이)라는 복수형('그들은')이 있으나, 개역개정은 '이는'으로 번역했다.

21. ἐκ θελήματος σαρκὸς(에크 쎌레마토스 사르코스)에 대해서 개역개정은 '육정으로나'라고 번역했고, 천주교 성경은 '육욕이나'라고 번역했으나, 오히려 '육체의 뜻으로부터'라고 번역하는 것이 바람직하다. 바른성경은 '육체의 뜻에서'라고 번역했으며, ESV와 NASB를 비롯한 여러 영어 성경도 'the will of the flesh'라고 번역했다.

터가 아니라, 하나님께로부터 태어났다.[22]
14 말씀이 육신이 되셔서 우리 가운데 계셨으며,[23] 우리가 그분의 영광
을 보았으니, 아버지의 독생자의[24] 영광이었고, 은혜와 진리가 충만
했다.
15 요한은 그분에 관하여 증언하며[25] 외쳤다. "이분이 내가 '내 뒤에 오
시는 분이 나보다 앞서신 것은 그분이 나보다 먼저 계셨기 때문이
다.'라고 말했던 바로 그분이다."[26]

---

22. ἐγεννήθησαν(에겐네쎄산)은 'to begot'이라는 뜻이다. 따라서 개역개정의 '난'은 의미가 모호하므로 '태어났다'로 번역한다.

23. ἐσκήνωσεν(에스케노센)을 개역개정은 '거하시매'라고 번역했지만, 이 단어가 아오리스트이므로 '계셨으며'라고 번역해야 한다. 천주교 성경은 이를 '사셨다'라고 번역했다. 이 단어는 '장막을 친다'라는 뜻에서 유래했다. 따라서 이 문구는 하나님이 광야에서 성막에 계셨던 것을 떠올리게 한다(출25:8~9; 29:46; 33:7). 즉 여기에 성막 모티프가 있다(참고. 황원하, 2017: 46~7).

24. μονογενοῦς παρὰ πατρός(모노게누스 파라 파트로스)를 바른성경은 '아버지로부터 오신 유일하신 분'으로 번역했다. 그러나 우리말의 특성을 고려할 때 이 문구를 개역개정처럼 '아버지의 독생자'라고 번역하는 것이 적절하다.

25. μαρτυρεῖ(마르튀레이)는 요한복음에 처음으로 나오는 역사적 현재형(historical present) 동사이다. 요한복음에서 역사적 현재형 동사는 1, 4, 13, 20, 21장에 자주 나온다. 요한복음에는 164개의 역사적 현재형이 있는데, 이 가운데 119개가 λέγω(레고)이다. 역사적 현재형은 과거에 일어난 일을 현재형으로 묘사함으로 독자들을 더욱 집중하게 하며, 과거의 일을 현재에 적용하게 하는 효과를 낸다(Novakovic, 2020a: 14~5를 보라). 이 책에서는 역사적 현재형을 과거로 번역하되, 필요에 따라 현재로 번역할 것이다.

26. 개역개정에는 따옴표가 없어서 의미가 모호한 경우가 많은데, 이 책에서는 따

16 우리가 다 그분의 충만함으로부터 받았으니, 은혜 위에 은혜이다.
17 이는[27] 율법이 모세를 통하여 주어졌고, 은혜와 진리가 예수 그리스
도를 통하여 왔기 때문이다.
18 하나님을 본 사람이 아무도 없었으나,[28] 아버지의 품속에 계시는 유
일하신 하나님이[29] (그분을) 알려 주셨다.[30]

옴표를 넣어서 의미를 분명하게 하고자 한다.

27. 헬라어 문장에는 문두에 ὅτι(호티)가 있는데, 여기서 이 단어는 'because'의 의미를 지닌다. 그래서 대부분의 영어 성경은 이를 'for'로 번역했다. 그러나 개역개정은 이 단어의 번역을 생략했다. 개역개정과 달리 바른성경은 이 구절을 '이는 …… 때문이다'라는 식으로 올바르게 번역했다.

28. πώποτε(포포테)를 개역개정은 '본래'라고 번역했고, 바른성경은 '일찍이'라고 번역했다. 이 단어의 기본적인 뜻은 'ever yet', 'any time'이므로, 문장 안에서 강한 부정의 의미를 드러내는 것이 좋다.

29. μονογενὴς θεὸς(모노게네스 쎄오스)에 대해서 사본학적인 논란이 있다. 어떤 사본들(A C^{3} W^{supp} Δ Θ Ψ 565 579 등)에는 ὁ μονογενὴς υἱός(호 모노게네스 휘오스)라고 되어 있으나, 많은 고대 사본(p^{66} ℵ* B C* L 등)에는 μονογενὴς θεὸς라고 되어 있다. 특히 요한복음에 있어서 p^{66}은 사본학적 가치가 매우 높은데, 이에 대해서, 송영목, 2015: 183~205를 보라. 다수사본은 관사를 붙여서 ὁ μονογενὴς θεὸς를 지지하지만, UBS5는 μονογενὴς θεὸς를 원본으로 여긴다. Wallace에 따르면, '아버지의 품속에 계시는 유일하신 하나님'이라는 표현은 하나님과 예수님의 친밀한 관계를 보여준다. 그는 이 문구를 'the unique One, God, who was in the bosom of the Father'라고 번역한다(Wallace, 1996: 360).

30. ἐξηγήσατο(엑세게사토)는 개역개정처럼 '나타내셨느니라'보다 천주교 성경처럼 '알려 주셨다(make known)'로 번역하는 것이 바람직하다(Zerwick, 1996: 287; ESV; NASB; NRSV). 이 단어의 다양한 용례에 대해서, H. G. Liddell and

19 이제[31] 유대인들이 예루살렘에서 제사장들과 레위인들을 그에게[32]
보내어 “너는 누구냐?”라고 물었을 때, 요한의 증언은 이러했다.[33]
20 그는 시인했고,[34] 부인하지 않았다. 그는 “나는 그리스도가 아니다.”
라고 시인했다.[35]
21 그들이 “그러면, 너는 누구냐? 엘리야냐?”[36]라고 물으니, 그가 “나는

R. Scott, 1980: 274를 보라.

31. 헬라어 원문의 문장 제일 앞에는 접속사 καὶ(카이)가 있는데, 이는 이 단락이 앞 단락과 구분됨을 시사한다. 1:19~28은 세례 요한의 그리스도 증언이다. 상당수 한글 성경은 이 단어를 번역하지 않았고, ESV와 NASB는 직역하여 ‘and’로 번역했으나, NIV는 의역하여 ‘now’로 번역했다.
32. πρὸς αὐτὸν(프로스 아우톤, ‘그에게’)이 원본에 있었는지 그렇지 않은지에 대한 논란이 있다. 다수사본은 이 단어를 원문에서 삭제하였으나, UBS 위원회는 이 문제에 대해서 결론을 내리지 못하고 이 단어를 꺾쇠괄호([ ])에 넣었다(참고. Metzger, 1994: 170). 이 문구의 유무는 번역에 큰 영향을 미치지 않는다.
33. 헬라어 원문에는 αὕτη(하우테)가 문장 앞에 나와서 강조되어 있다(Novakovic, 2020a: 20). 즉 ‘이것은 요한의 증언인데, ……’라는 어구로 문장이 시작된다.
34. 이 문맥에서 ‘시인했다’에 해당하는 ὡμολόγησεν(호몰로게센)에는 법적 암시(judicial connotation)가 담겨있다(Novakovic, 2020a: 21). 즉 요한은 종교지도자들에게 심문을 받는 가운데 이 단어를 사용했다. 따라서 이 단어를 ‘인정하다(concede)’ 혹은 ‘시인하다(confess)’로 번역할 수 있다.
35. 헬라어 원문에는 문장 끝에 ὡμολόγησεν(호몰로게센)이 다시 나와서 요한의 시인이 강조되어 있다.
36. A C^3 Δ Θ 등과 다수사본은 Τί οὖν; Ἠλίας εἶ σύ;(티 운, 엘리아스 에이 쉬)라고 표기하나, UBS5는 P^{75} C* Ψ 33 등을 근거로 하여 Τί οὖν; Σὺ Ἠλίας εἶ;라고 표기한다. 하지만 이러한 차이는 번역에 영향을 미치지 않는다.

아니다."라고 말했다. (또) "그러면 너는 그 선지자냐?"[37]라고 물으니,
"아니다."라고 대답했다.
22 그러자 그들이 그에게 말했다. "너는 누구냐?[38] 우리를 보낸 이들
에게 대답할 수 있게 하라. 너는 자신에 대하여 무엇이라 하느냐?"
23 그가 말했다. "나는 선지자 이사야가 말한 것처럼 '너희는 주님의 길
을 곧게 하라.'라고 광야에서 외치는 자의 소리이다."
24 그들은 바리새인들로부터 보냄을 받은 자들이었다.
25 그들은 또 그에게 물었다.[39] "만일 네가 그리스도가 아니고 엘리야도
아니며 그 선지자도 아니라면, 어찌하여 세례를 베푸느냐?"
26 요한이 그들에게 대답했다.[40] "나는 물로 세례를 베풀지만, 너희 가
운데 너희가 알지 못하는 한 분이 서 계시니,
27 곧 내 뒤에 오시는 그분이다. 나는 그분의 신발 끈을 풀어드릴 만한
자격도 없다."

---

37. 여기서 '그 선지자'에 해당하는 ὁ προφήτης(호 프로페테스)에는 관사가 붙어 있는데, 이는 이 선지자가 신명기 18:15에 언급된 '모세와 같은 선지자'처럼 독자들에게 잘 알려진 인물임(참고. 6:14; 7:40)을 시사한다(Novakovic, 2020a: 22).
38. 여기서 질문의 초점은 요한의 '이름(name)'이 아니라 그의 '역할(role)'이다(Louw and Nida, 1988: 32).
39. 헬라어 원문에는 아오리스트 동사 ἠρώτησαν(에로테산, '물었다')과 εἶπαν(에이판, '말했다')이 같이 나오는데, 이때는 우리말 어법을 고려하여 '물었다'로 번역하는 것이 좋다.
40. '대답했다'에 해당하는 아오리스트 동사 ἀπεκρίθη(아페크리쎄)와 '말하여'에 해당하는 현재 분사 λέγων(레곤)이 나올 경우, 우리말 어법상 '대답했다'로 번역하는 것이 적절하다. Harris, 2015: 43을 보라.

28 이것은 요한이 세례를 베풀던 요르단 건너편 베타니아에서 일어난
일이었다.
29 이튿날 그는 예수님께서 자기에게 오시는 것을 보고 말했다. "보라,
세상의 그 죄를 없애시는[41] 하나님의 어린 양이시다.
30 이분은 내가 '내 뒤에 한 분이 오시는데, 그분이 나보다 앞서신 것
은 그분이 나보다 먼저 계셨기 때문이다.'라고 말했던 바로 그분이
시다.[42]
31 나도 그분을 알지 못했으나, 그분을 이스라엘에 나타내려는 목적으
로, 내가 와서 물로 세례를 베푼다."
32 또 요한이 증언했다.[43] "나는 성령께서 비둘기같이 하늘로부터 내려
오셔서 그분 위에 머무시는 것을 보았다.
33 나도 그분을 알지 못했으나, 나를 보내어 물로 세례를 베풀라고 하

---

41. 현재 분사 *αἴρων*(아이론)을 개역개정과 바른성경은 '지고 가는'으로 번역했고, 천주교 성경은 '없애시는'으로 번역했다. 이 단어는 '들어 올린다(take up)' 혹은 '제거한다(take away)'라는 뜻이다. 이 구절에서는 '세상의 죄'와 연관해서 '제거한다'로 보는 것이 바람직하다. Zerwick 역시 이 단어를 'take away'로 이해한다(Zerwick, 1996: 288).

42. *οὗτός ἐστιν ὑπὲρ οὗ ἐγὼ εἶπον*(후토스 에스틴 휘페르 후 에고 에이폰)은 1:15의 *οὗτος ἦν ὃν εἶπον*(후토스 엔 혼 에이폰)이 확장된 형태이다. 1:15의 미완료형(*ἦν*[엔])이 여기서 현재형(*ἐστιν*[에스틴])으로 바뀐 것은 예수님이 등장하신 새로운 문맥에 어울린다(Novakovic, 2020a: 29).

43. 헬라어 원문에는 아오리스트 동사 *ἐμαρτύρησεν*(에마르튀레센, '증언했다')과 현재 분사 *λέγων*(레곤, '말하여')이 같이 나오는데, 이를 직역하면, '증언하여 말했다'이지만, 우리말 어법을 고려하여 '증언했다'로 번역하는 것이 좋다.

신 그분께서 '성령이 내려오셔서 어떤 분 위에[44] 머무시는 것을 볼
것인데, 그분이 성령으로 세례를 베푸시는 분이다.'라고 나에게 말
씀하셨다.
34 내가 (그분을) 보았고, '이분은 하나님의 아들이시다.'라고 증언했
다."
35 다음날, 요한이 다시 자기 제자들 중 둘과 함께 서 있다가,
36 예수님께서 지나가시는 것을[45] 보고, "보라, 하나님의 어린양이시
다."라고 말했다.
37 그러자[46] 두 제자는 그가 말하는 것을 듣고 예수님을 따라갔다.
38 예수님께서 돌아서서 그들이 따라오는 것을 보시고 "너희가 무엇을

---

44. 개역개정은 '누구 위에든지'라고 번역했다. 그러나 ἐφ' ὃν ἂν(에프 혼 안)과 연결된 ἐπ' αὐτόν(에프 아우톤)은 '어떤 분 위에'라고 번역하는 것이 적절하다. 바른성경은 '어떤 이 위에'라고 번역했고, 천주교 성경은 '어떤 분 위에'라고 번역했으며, ESV와 NASB는 각각 'he on whom'과 'he upon whom'이라고 번역했다.

45. 현재 분사 περιπατοῦντι(페리파툰티)를 개역개정은 '거니심'이라고 번역했고, 바른성경도 '거니시는 것'이라고 번역했다. 이 단어는 '걸어가시는 것'을 뜻한다. 그러나 우리말 '거니심' 혹은 '거니시는 것'은 한가롭게 다니는 느낌을 주기 때문에 '지나가시는 것'이라고 번역하는 것이 좋아 보인다. 천주교 성경과 새번역은 '지나가시는 것'으로 번역했다. 그리고 ESV와 NASB도 이 단어를 'walked by'로 번역했다. 하지만 NRSV는 이 단어가 현재형이므로 'walk by'로 번역했다. 따라서 이 책에서는 이 단어의 의미와 단어의 시상(현재형)을 고려하여 '지나가시는 것'이라고 번역한다.

46. 문두에 있는 접속사 καί(카이)를 문맥을 고려하여 '그러자'로 번역한다. NIV는 이 단어를 의역하여 'when'이라고 번역했다.

구하느냐?"라고 물으시자, 그들이 그분께 "랍비님, 어디에 머물고
계십니까?"라고 말했다. 랍비는 번역하면[47] '선생님'이다.
39 그분이 그들에게 말씀하셨다. "오라, 그러면 볼 것이다."[48] 그러므로
그들이 와서 그분이 머물고 계시는 곳을 보고 그날 그분과 함께 머
물렀다. 때는 열 시쯤이었다.[49]
40 요한에게서 듣고 그분을 따른 두 사람 중 하나는 시몬 베드로의 형
제 안드레였다.
41 그가 먼저 한 일은[50] 그의 형제 시몬을 찾아서 "우리가 메시아를 만났
다."라고 말한 것이었다. 메시아는 번역하면 '그리스도'이다

---

47. λέγεται(레게타이)는 현재 수동태 직설법 3인칭 단수로서 '이것은 말하자면('which is called'='which means')' 정도의 뜻이다(Novakovic, 2020a: 39). 이 동사는 '번역하다'를 의미하는 분사 μεθερμηνευόμενον(메쎄르메뉴오메논)과 연결되어 '그것은 번역하면……이다.'라는 뜻이 된다(참고. Harris, 2015: 49).

48. ἔρχεσθε καὶ ὄψεσθε(에르케스쎄 카이 옵세스쎄)를 개역개정은 '와서 보라'라고 번역했다. ἔρχεσθε(에르케스쎄)는 현재 명령법이지만, ὄψεσθε(옵세스쎄)는 미래 직설법이다. 따라서 '오라, 그러면 볼 것이다'로 번역하는 것이 타당하다(참고. Novakovic, 2020a: 39). 바른성경은 '와라, 그러면 볼 것이다'로 번역했고, ESV와 NASB도 'come and you will see.'로 번역했다.

49. 여기서의 시간 표기에는 어떤 상징성이 발견되지 않는다. 요한복음에는 목격에 근거한 사건의 정확성을 강조하기 위해서 자주 시간을 표기한다. 예를 들어, 제 십시(1:39), 제 육시(4:6), 제 칠시(4:52), 새벽(18:28), 제 육시(19:14), 저녁(20:19) 등이다(참고. 황원하, 2017: 61~2).

50. πρῶτος(프로토스)를 개역개정은 '먼저'라고 번역했다. 하지만 이 문맥에서 이 단어는 '안드레가 가장 먼저 한 일'이라고 보는 것이 좋다. NIV는 'The first thing Andrew did was to'라고 번역했다.

42 그(안드레)가 그(시몬)를[51] 예수님에게로 데려오니, 예수님께서 그를
보시고 말씀하셨다. “너는 요한의 아들 시몬이니, 네가 게바라고 불
릴 것이다.”[52] 게바는 번역하면 ‘베드로’이다.
43 다음날, 예수님께서 갈릴래아로 가려 하시다가 빌립을 발견하시고
그에게 “나를 따르라.”라고 말씀하셨다.
44 빌립은 안드레와 베드로의 동네 베싸이다 사람이었다.
45 빌립이 나다나엘을 만나서 그에게 말했다. “모세가 율법에 기록했고
선지자들도 기록했던[53] 그분을 우리가 만났는데, 요셉의 아들, 나자
렛[54] 예수님이시다.”
46 나다나엘이 그에게 말했다. “나자렛에서 무슨 선한 것이 나올 수 있

---

51. 헬라어 원문에는 안드레와 시몬의 이름이 없고, 3인칭 단수형 동사(ἤγαγεν[에가겐])와 대명사(αὐτὸν[아우톤])만 있다.

52. 개역개정에는 ‘장차 게바라 하리라’라고 되어 있다. 그러나 σὺ κληθήσῃ Κηφᾶς(쉬 클레쎄세 케파스)에는 ‘장차’라는 단어가 없으며, 동사가 수동태이다.

53. 이 구절에는 ‘기록했다’에 해당하는 ἔγραψεν(에그랍센)이 3인칭 단수형으로 한 번만 나온다. 이는 ‘모세가 기록했다.’라는 사실을 묘사하기 위한 것이다. 그러나 헬라어에서는 동사의 주체자가 두 명 이상일 경우에 하나의 동사로 여러 주체자의 동작이나 행동을 표현할 수가 있다. 물론, 이럴 때 동사에 직접 연결된 사람(여기서는 모세)이 가장 강조된다. 요한복음에서 ‘모세(1:17, 45; 3:14; 5:45, 46; 6:32; 7:19, 22[2번], 23; 8:5; 9:28, 29)’는 ‘선지자들(1:45; 6:45; 8:52, 53)’보다 3배나 더 많이 나온다(Novakovic, 2020a: 45).

54. ἀπὸ Ναζαρέτ(아포 나자레트)에서 전치사 ἀπὸ(아포)는 어떤 사람의 출신지를 가리킨다. 코이네 헬라어에서는 이러한 의미를 나타내는 경우에 ἀπὸ(아포)가 ἐκ(에크)를 대체하기 시작했다(Novakovic, 2020a: 46).

겠는가?" 빌립이 그에게 말했다. "와서 보라."
47 예수님께서는 나다나엘이 자기에게 오는 것을 보시고 그에 대하여
말씀하셨다. "보라, 참된 이스라엘 사람이다. 그 속에 간사한 것이
없다."
48 나다나엘이 그분께 말했다. "어떻게 저를 아십니까?" 예수님께서 그
에게 대답하셨다. "빌립이 너를 부르기 전에, 네가 무화과나무 아래
에 있을 때 내가 너를 보았다."
49 나다나엘이 그분께 대답했다. "랍비님, 당신은[55] 하나님의 아들이십
니다. 당신은 이스라엘의 왕이십니다."
50 예수님께서 그에게 대답하셨다. "네가 무화과나무 아래에 있는 것
을[56] 내가 보았다고 말함으로 네가 믿느냐? 너는 이것보다 더 큰 일

---

55. 개역개정은 예수님을 가리키는 2인칭 단수 대명사('당신')를 '주(주님)'라고 표기하는 경우가 많다(여기서는 개역개정도 '당신'이라고 표기함). 하지만 이 책에서는 헬라어 원문을 가급적 직역하기 위하여 2인칭 단수('당신') 그대로 표기한다.

56. **εἶδόν σε ὑποκάτω τῆς συκῆς**(에이돈 세 휘포카토 테스 쉬케스)를 개역개정은 '내가 너를 무화과나무 아래에서 보았다.'라고 직역한다. 하지만 이러한 직역은 정확한 의미를 전달하지 못한다. 따라서 이 문구를 조금 의역하여 '네가 무화과나무 아래에 있는 것을 내가 보았다.'라고 하는 것이 좋다. 바른성경은 '네가 무화과나무 아래 있는 것을 내가 보았다'라고 번역하며, 천주교 성경도 '네가 무화과나무 아래에 있는 것을 보았다'라고 번역한다. ESV를 비롯한 영어 성경들은 'I saw you under the fig tree.'로 번역한다. **ὑποκάτω**(휘포카토)+속격은 **ὑπὸ**(휘포)+대격(예. 1:48)과 같은 뜻이다(Novakovic, 2020a: 50).

들을[57] 볼 것이다."

51 또 그분은 그에게 말씀하셨다.[58] "진실로 진실로 내가 너희에게[59] 말
한다.[60] 너희는 하늘이 열리는 것과 하나님의 천사들이 인자[61] 위에
오르내리는 것을 볼 것이다."

---

57. 개역개정과 천주교 성경은 τούτων(투톤)을 단수로 번역하지만, 바른성경은 복수로 옳게 번역한다.

58. 개역개정과 달리 '예수'라는 이름이 헬라어 원문에는 나오지 않고 3인칭 단수형 동사 λέγει(레게이)가 나온다. 그러나 말하는 이가 예수님인 것은 자명하다. '말씀하셨다'에 해당하는 λέγει(레게이)는 역사적 현재형(historical present)이다. 이것은 이어지는 '이중 아멘(double amen)' 형식구와 어울려서 예수님의 엄숙한 선언을 강조한다(Novakovic, 2020a: 50).

59. 이 구절에서 갑자기 인칭대명사가 ὑμῖν(휘민)으로 바뀌어서 2인칭 복수가 된다. 그리고 이어지는 동사 ὄψεσθε(옵세스쎄, '너희는 볼 것이다')도 2인칭 복수이다. 예수님은 지금 나다나엘에게 말씀하시지만, 실상 주변에 있는 여러 사람에게 말씀하시고 있다(참고. Harris, 2015: 55).

60. ἀμὴν ἀμὴν λέγω ὑμῖν(아멘 아멘 레고 휘민, '진실로 진실로 내게 너희에게 말한다')라는 'double amen formula'는 신약성경에서 요한복음에만 나오는 독특한 어구이다(참고. 황원하, 2017: 67). 예수님은 대단히 중요한 말씀을 하실 때 이 어구를 사용하셨다. 이 어구는 요한복음에 25회 나온다(1:51; 3:3, 5, 11; 5:19, 24, 25; 6:26, 32, 47, 53; 8:34, 51, 58; 10:1, 7; 12:24; 13:16, 20, 21, 38; 14:12; 16:20, 23; 21:18).

61. '인자'는 ὁ υἱός τοῦ ἀνθρώπου(호 휘오스 투 안쓰로푸)이다. 이를 직역하면, '그 사람의 아들'이다. 이미 '인자'라는 칭호는 보편화되어 있으므로, 이 책에서도 이 칭호를 그대로 사용한다.

요한복음 2장

1 셋째 날에[1] 갈릴래아 카나에서 혼인 잔치가 있었다. 예수님의 어머니
가[2] 거기에 있었다.
2 그런데[3] 예수님도[4] 그분의 제자들과 함께 혼인 잔치에 초청을 받으
셨다.[5]

---

1. τῇ ἡμέρᾳ τῇ τρίτῃ(테 헤메라 테 트리테)를 개역개정은 '사흘째 되던 날'이라고 번역했다. 그러나 이것을 '셋째 날에'라고 번역하는 것이 의미를 더 잘 드러낸다.
2. ἡ μήτηρ τοῦ Ἰησοῦ(헤 메테르 투 이에수)를 개역개정과 천주교 성경은 '예수님의 어머니도'라고 번역했는데, 바른성경처럼 '예수님의 어머니가'라고 번역하는 것이 옳다.
3. 헬라어 문장의 문두에 δὲ(데)가 있는데, 이는 일반적으로 '그러나'라는 뜻이다. 하지만 이 문맥에서 이 단어는 예수님께서 제자들과 함께 혼인 잔치에 초청받으신 것을 강조한다. 그래서 이 책에서는 '그런데'라고 번역한다.
4. '예수님'과 '그분의 제자들' 앞에는 각각 καὶ(카이)가 붙어 있는데, 이는 '예수님과 그분의 제자들도' 혼인 잔치에 참여했음을 의미한다. 즉 예수님의 어머니가 혼인 잔치에 먼저 가 있었는데, 이후에 예수님과 제자들도 그 잔치에 초청을 받은 것이다(황원하, 2017: 78; 참고. Wallace, 1996: 401).
5. '초청을 받았다'에 해당하는 헬라어 동사 ἐκλήθη(에클레쎄)는 아오리스트 수동태 직설법 3인칭 단수이다. 헬라어에서는 하나의 동사로 두 명 이상의 주체자가 행동하거나 동작한 것을 표시할 때 먼저 나오는 주체자(여기서는 '예수님')가 강조되고, 뒤이어 나오는 주체자들(여기서는 '제자들')이 앞의 주체자와 같이 행동한 것을 드러낸다(참고. Novakovic, 2020a: 53). 그런데 여기서 요한은 특히 제자들이 그 자리에 있었음을 일부러 언급하며, 이러한 그의 신학적 의도가 내러티

3 포도주가 떨어지자,[6] 예수님의 어머니가 그분에게 말했다. "그들에게
포도주가 없다."
4 예수님께서 그녀에게 말씀하셨다. "여자여,[7] 나에게와 당신에게 무슨
상관이 있습니까?[8] 나의 때가 아직 오지 않았습니다."
5 그분의 어머니가 하인들에게 말했다. "그분이 너희에게 뭐라고 하시
든지 그대로 하라."
6 거기에 유대인들의 정결 예식을 위한[9] 돌항아리 여섯 개가 있었는데,
각각은 두세 통을[10] 담을 수 있었다.[11]

브의 결말(2:11에 있는 '제자들의 반응')에서 드러난다(참고. 황원하, 2017: 84~6).

6. ὑστερήσαντος(휘스테레산토스)는 절대 속격 분사로서 시간적이거나 원인적인 의미를 지닌다. ESV는 '시간'으로 보아서 'when the wine ran out'로 번역하지만, 개역개정을 비롯한 상당수 우리말 성경은 '원인'으로 번역한다.

7. 이 단어는 여성을 부르는 호칭으로 'madam', 'dear woman' 정도의 뜻이다. 이것은 무례한 표현이 아니다(Harris, 2015: 57).

8. τί ἐμοὶ καὶ σοί(티 에모이 카이 소이)를 직역하면 '나에게와 당신에게 무슨 상관이 있습니까?'이다. 그래서 NRSV는 'what concern is that to you and to me?'라고 번역했다. 그러나 개역개정은 '나와 무슨 상관이 있나이까?'라고 함으로 '당신에게(σοί[소이])'에 해당하는 번역을 생략했다. 당시에 이러한 관용적 표현은 어떤 일에 개입하기를 원하지 않을 때 사용되었다.

9. 전치사 κατὰ(카타)는 대격과 함께 사용되어 목적을 나타낸다.

10. '통'에 해당하는 대격 복수 μετρητὰς(메트레타스)는 신약성경에서 여기에만 나온다(*hapax legomenon*). 이 단어는 숫자와 함께 양을 표시하는데, 한 통은 약 40리터이다. 따라서 '두세 통'은 약 100리터를 의미한다.

11. 현재 분사 χωροῦσαι(코루사이)를 개역개정은 '드는'이라고 모호하게 번역했다. 이 단어의 원형 χωρέω(코레오)는 'to make room for', 'to be space for'이다.

7 예수님께서 그들에게 말씀하셨다. "항아리에 물을 채우라." 그러자
그들이 그것들을 가득 채웠다.
8 그분이 그들에게 "이제는 떠서 연회장에게[12] 가져다주어라."라고 말
씀하시자, 그들이 가져다주었다.
9 연회장은 포도주가 된 물을[13] 맛보고 그것이 어디에서 났는지 알지 못
했으나, 물을 떠 온 하인들은 알고 있었다. 연회장이 신랑을 불러서
10 말했다. "모든 사람이 먼저 좋은 포도주를 내고 취한 후에 그보다 덜
좋은 것을[14] 내놓는데, 당신은 지금까지 좋은 포도주를 남겨두었다."
11 예수님께서 이 첫 번째 표적을 갈릴래아 카나에서 행하셔서 자신의
영광을 나타내시니, 그분의[15] 제자들이 그분을 믿었다.
12 그 후에 그분이[16] 그분의 어머니와 형제들과 제자들과 함께 카페르나

따라서 이 단어를 '담을 수 있다'라고 번역하는 것이 좋다.

12. ἀρχιτρίκλινος(아르키트리클리노스)는 잔치를 책임지는 사람(the master of the feast)이다. 이 단어를 개역개정은 '연회장'이라고 번역했고, 바른성경은 '잔치 주관자'라고 번역했다. 이 책에서는 개역개정을 따라 '연회장'이라고 번역한다.

13. 개역개정은 '물로 된 포도주'라고 번역했다. 그러나 τὸ ὕδωρ οἶνον(토 휘도르 오이논)에는 '물' 앞에 관사가 있으며, '포도주'가 '물'을 서술하는 형태이다. 따라서 이 문구의 의미는 NASB처럼 'the water which had become wine'이다(참고. Wallace, 1996: 191). 바른성경과 천주교 성경은 '포도주가 된 물'이라고 번역했다.

14. 개역개정은 '낮은 것'이라고 번역했으나, 이것은 의미가 다소 모호하다. τὸν ἐλάσσω(톤 엘라쏘)는 좋은 것과 비교할 때 상대적으로 '덜 좋은 것(lesser)'이라는 뜻이다(참고. 바른성경). 천주교 성경은 '그보다 못한 것'이라고 번역했다.

15. 개역개정에는 '그분의(αὐτοῦ[아우투])'가 생략되어 있다.

16. 개역개정에는 '예수께서'라고 되어 있으나, 헬라어 원문에는 '내려가셨다'에 대

움으로 내려가셨으나, 거기서 여러 날 머물지는 않으셨다.
13 유대인들의 유월절이 가까워지자, 예수님께서 예루살렘으로 올라
가셨다.[17]
14 그분은 성전에서 소와 양과 비둘기를 파는 자들과 환전하는[18] 자들
이 앉아 있는 것을 보시고,
15 노끈으로 채찍을 만들어서 그들 모두를 양과 소와 함께[19] 성전에서 내
쫓으시고, 환전하는 자들의 돈을 쏟으시며, 그들의 상들을 엎으시고,
16 비둘기를 파는 자들에게 말씀하셨다. "이것들을 여기서 치워라. 내
아버지의 집을 장사하는[20] 집으로 만들지 말라."
17 그분의 제자들은 "당신의[21] 집을 향한 열심이 나를 집어삼킬 것이다."

한 3인칭 단수 동사 κατέβη(카테베)가 있다.

17. ἀναβαίνω(아나바이노), 즉 '올라간다'라는 동사가 사용된 것은 예루살렘이 높은 곳에 있었기 때문이지만, 또한 당시에 이 단어가 예루살렘을 순례하러 가는 행동을 가리키는 전문용어가 되었기 때문이다(Novakovic, 2020a: 61).

18. ὁ κερματιστής(호 케르마티스테스)는 '환전하는 사람(moneychanger)'이라는 뜻이다(*hapax legomenon*). 개역개정은 '돈 바꾸는 사람'이라고 번역했다.

19. 개역개정에는 '양이나 소를'이라고 번역되어 있다. 그러나 이 문장에 있는 πάντας(판타스)는 남성 대격 복수형으로서 양이나 소와 함께 있는 '사람들'을 의미한다. 따라서 '그들 모두를 양과 소와 함께'라고 번역하는 것이 적절하다.

20. ἐμπόριον(엠포리온)은 신약에서 여기에만 나오는 단어(*hapax legomenon*)로서 상인이 물건을 판매하는 곳(market)을 의미한다(BDAG, 325).

21. 헬라어 원문에는 속격으로 τοῦ οἴκου σου(투 오이쿠 수, '당신의 집의')라고 기록되어 있다. ὁ ζῆλος τοῦ οἴκου σου(호 젤로스 투 오이쿠 수)는 '당신의 집을 향한 열심'이라고 번역할 수 있다(Novakovic, 2020a: 65). 그러나 개역개정은 '주의 전을 사모하는 열심'이라고 번역했다. ESV는 'zeal for your house'라고

라고 기록된 것을[22] 기억했다.

18 그때[23] 유대인들이 그분께 말했다.[24] "당신이 이런 일들을[25] 행해도
된다는 것을 (입증하기 위해) 무슨 표적을 우리에게 보여줄 수 있겠
는가?"[26]

바르게 번역했다.

22. ὅτι γεγραμμένον ἐστίν(호티 게그람메논 에스틴)은 '……라는 것이 기록되었다'라는 뜻이다. 요한복음에서 γεγραμμένον과 ἐστίν이 서로 위치를 바꾸면서 함께 나오는 것은 구약성경을 인용할 때 전형적으로 사용되는 어구(2:17; 6:31, 45; 10:34; 12:14)이다(Novakovic, 2020a: 64). 개역개정은 이를 고려하여 '성경 말씀에'라는 표현을 넣었으나, 이 책에서는 직역하여 '……라고 기록된 것을'이라고 표기한다. 요한복음의 구약사용에 대하여, G. K. Beale and D. A. Carson(eds), 2007: 415~512를 참고하라.

23. 접속사 οὖν(운)을 개역개정은 '이에'라고 번역했으나, 이 문맥에서는 바른성경과 천주교 성경처럼 '그때(then)'라고 번역하는 것이 좋다(참고. Wallace, 1996: 874).

24. 헬라어 원문에는 아오리스트 동사 ἀπεκρίθησαν(아페크리쎄산)과 εἶπαν(에이판)이 같이 있는데, 이를 직역하면 '대답하여 말했다'가 된다. 그러나 이 문맥에서 앞부분에 아무런 질문이 없는 상태에서 유대인들이 말하는 것이므로, '대답했다'보다 '말했다'로 번역하는 것이 타당하다. ESV와 NRSV는 'said'라고 번역했고, NIV는 'responded'라고 번역했다.

25. 개역개정은 복수형 ταῦτα(타우타)를 단수형 '이런 일'로 번역했다.

26. 개역개정은 이 문구를 '네가 이런 일을 행하니 무슨 표적을 우리에게 보이겠느냐?'라고 번역했다. 그러나 이 문구를 이해하는 핵심은 접속사 ὅτι(호티)를 어떻게 번역하느냐에 달려 있는데, 여기서는 이 접속사가 '무슨 표적을 우리에게 보이겠느냐?'의 설명보족적 절(epexegetical clause)을 도입하는 역할을 하기에 '이러한 일들을 행할 수 있는 자격을 입증하기 위해서 무슨 표적을 보여줄

19 예수님께서 그들에게 대답하셨다. "너희가 이 성전을[27] 허물어라. 그
러면 내가 사흘 안에[28] 그것을 세우겠다."[29]
20 그러자 유대인들이 말했다. "이 성전을 짓는 데 사십육 년이나 걸렸
는데,[30] 당신이 삼일 안에 그것을 세우겠다는 말인가?"

것이냐?'라는 의미로 보는 것이 적절하다. 천주교 성경은 '당신이 이런 일을 해도 된다는 무슨 표징을 보여줄 수 있소?'라고 번역했고, ESV는 'what sign do you show us for doing these things?'라고 번역했다. 하지만 NIV는 의미를 살려서 'what sign can you show us to prove your authority to do all this?'라고 번역했다. 이 책에서는 문장의 의미를 분명히 하기 위해 괄호 안에 '입증하기 위해'를 넣었다.

27. 여기서 '성전'은 *ναός*(나오스)이다. 요한복음에서는 성전을 가리킬 때 *ἱερόν*(히에론)이 주로 나오고(2:14, 15; 5:14; 7:14, 28; 8:20, 59; 10:23; 11:56; 18:20), *ναός*(나오스)는 이곳과 이어지는 두 구절에만 나온다(Novakovic, 2020a: 67).

28. *ἐν τρισὶν ἡμέραις*(엔 트리신 헤메라이스)를 개역개정은 '사흘 동안에'라고 번역했다. 그러나 이는 의미가 불명확하다. 천주교 성경처럼 '사흘 안에(ESV: 'in three days')'라고 번역해야 한다.

29. 미래 능동태 직설법 1인칭 단수 *ἐγερῶ*(에게로)는 '내가 세울 것이다' 혹은 '내가 세우겠다'로 번역할 수 있다.

30. 만일 *ἔτεσιν*(에테신)을 시간의 점(the point in time)을 가리키는 여격으로 본다면 '사십육 년 전에'로 번역해야 한다. Wallace는 'this temple was built forty-six years ago.'로 번역한다(Wallace, 1996: 560). 그리고 이는 '성전건물(성소-지성소, sanctuary)'은 주전 20/19년에 착공되어 주전 18/17년에 완공되었지만, '성전구내(건물 전체, temple precincts)'는 예수님 당시에도(주후 27~29년) 여전히 건축이 진행 중이었고, 주후 60년대 중반까지도 완공되지 않았다는 사실로 지지를 받을 수 있다. 그러나 이것을 Zerwick과 같이 일반적인 용례로 보아서 기간(duration)으로 본다면 '사십육 년 동안'이 된다(Zerwick,

21 그러나 그분은 성전인[31] 자신의 몸에 관하여 말씀하신 것이었다.
22 그분이 죽은 자들[32] 가운데서 일으킴을 받으신[33] 후에야 그분의 제
자들은 그분이 이 말씀하신 것을 기억하고 성경과 예수님께서 하신
말씀을 믿었다.
23 이제[34] 유월절에 그분이 예루살렘에 계실 때[35] 많은 사람이 그분께서
행하시는 표적들을 보고 그분의 이름을 믿었다.

1996: 291). 그렇다면 아마도 유대인들은 성전건물 전체, 곧 사십육 년 전에 건축이 시작되어서 아직도 완공되지 않은 웅장한 건축물을 예수님이 어떻게 삼일 안에 헐어버릴 수 있겠느냐는 취지로 이렇게 말했을 것이다. 이에 따라서 ESV는 'It has taken forty-six years to build this temple.'로 번역했고, NASB는 'It took forty-six years to build this temple.'로 번역했다. 이 책에서는 후자의 해석을 따르면서, 현대 어법에 맞게 수정하여 위와 같이 번역한다.

31. 속격인 τοῦ σώματος αὐτου(투 소마토스 아우투)는 τοῦ ναοῦ(투 나우)와 동격이거나 설명의 기능을 한다. 즉 이것은 'the Temple, that is, his body'이거나 'the Temple that is his body'의 의미이다. 따라서 '성전인 자신의 몸'이라고 번역하는 것이 적절하다.
32. νεκρῶν(네크론)은 복수형인데, 개역개정은 단수형으로 번역한다.
33. ἠγέρθη(에게르쎄)는 수동태로서 '일으킴을 받으신'이라고 번역해야 하지만, 개역개정은 '살아나신'이라는 능동태로 번역했다.
34. 여기서 δὲ(데)는 내러티브의 발전(전개)을 표시한다(Novakovic, 2020a: 70). 따라서 여기서는 이 단어를 '이제(now)'로 번역할 수 있다. 그러나 개역개정은 이 단어를 번역하지 않았다.
35. ὡς(호스)는 '시간(when)'을 나타내는 접속사로서 절을 이끈다(BDAG, 1105).

24 그러나 예수님 자신은[36] 자신을[37] 그들에게 의탁하지 않으셨으니, 이
는 그분이 모든 사람을 아셨기 때문이다.
25 그리고 그분이 친히 사람 속에 있는 것을 알고 계시므로 사람에 대
하여 누구의 증언도 받으실 필요가 없었기 때문이다.[38]

---

36. 문두에 있는 *αὐτὸς*(아우토스)는 강조대명사(intensive pronoun)이다(Novakovic, 2020a: 71). 따라서 이를 '예수님 자신'으로 번역할 수 있다.
37. UBS5에서 *αὐτὸν*(아우톤)의 비평등급은 C이다. *αὐτὸν*은 א* A* B L 700 등에 있고, *ἑαυτὸν*(헤아우톤)은 P^{66} A^{c} W^{supp} Δ Θ Ψ 등에 있다. 어느 것을 채택하든 우리말 번역에는 차이가 없다.
38. 개역개정은 '없었다'로 번역하지만, *ὅτι*(호티)는 이유를 나타내는 접속사로서, 2:24에서 언급된 이유('그분이 모든 사람을 아셨기 때문이며') 외의 또 다른 이유이다. 따라서 이를 '때문이다'로 번역해야 한다.

요한복음 3장

1 그런데 바리새인들 중에서 니고데모라는 이름을 가진 사람이 있었는
데, 그는 유대인들의 지도자였다.[1]
2 그가 밤에 그분께 와서 말했다. "랍비님, 우리는 당신이 하나님께로부
터 오신 선생님인 줄 압니다. 이는 하나님께서 함께하시지 않으면 당
신이 행하시는 이 표적들을 아무도 행할 수 없기 때문입니다."[2]
3 예수님께서 그에게 대답하셨다. "진실로 진실로 내가 너에게 말한다.
누구든지[3] 위로부터[4] 태어나지 않으면 하나님의 나라를 볼 수 없다."
4 니고데모가 그분께 말했다. "사람이 늙으면 어떻게 태어날 수 있습
니까? 자기 어머니의 배 속에 두 번째로 들어갔다가 태어날 수는 없

---

1. ἄρχων τῶν Ἰουδαίων(아르콘 콘 이우다이온)이 정확히 무엇을 의미하는지 알기 어렵다. 유대의 정치 지도자를 가리킬 수도 있고, 회당의 지도자를 뜻할 수도 있으며, 산헤드린 회원을 의미할 수도 있다(Harris, 2015: 72). 개역개정은 '유대인의 지도자'로 번역하면서, 난하주에 '또는 산헤드린 공회원'이라고 표기했다.
2. 개역개정과 바른성경은 이유를 나타내는 접속사 γὰρ(가르)를 번역에 반영하지 않았다.
3. 헬라어 원문의 τις(티스)를 개역개정은 '사람'이라고 번역했다. 이 단어는 'anyone' 혹은 'someone' 등으로 번역할 수 있다(Wallace, 1996: 347).
4. ἄνωθεν(아노쎈)은 '위로부터(from above)'와 '다시(again)'의 의미를 모두 가지고 있다. 즉 이 단어는 '이중의미(double entendre)'를 가진다. 따라서 이 책에서는 '위로부터'라고 번역하지만, '다시'의 의미가 있음을 밝힌다.

지 않습니까?”[5]
5 예수님께서 대답하셨다. “진실로 진실로 내가 너에게 말한다. 사람이
물과 성령[6]으로[7] 태어나지 않으면 하나님의 나라에 들어갈 수 없다.
6 육으로 태어난 것은 육이고, 성령으로 태어난 것은 영이다.[8]

---

5. 두 번째 절(clause)은 μὴ(메)가 이끈다. 따라서 절 전체를 위와 같이 번역해야 한다. 개역개정이나 바른성경처럼 ‘있사옵나이까’로 번역하면 의미가 분명히 전달되지 않는다. 천주교 성경은 ‘……없지 않습니까’라고 바르게 번역했다. NASB는 이 문구를 부가 의문문으로 번역하여 ‘He cannot enter a second time into his mother’s womb and be born, can he?’라고 했다.
6. 헬라어 원문에서 ‘영’에 해당하는 단어 πνεῦμα(프뉴마)가 나올 때는 문맥에 따라 ‘성령’인지 아니면 ‘인간의 영’인지를 판단해야 한다(참고. BDAG, 832~36). 여기서는 성령으로 이해할 수 있다. 대부분의 우리말 성경과 영어 성경도 이 단어를 ‘성령(the Spirit)’으로 번역한다.
7. ‘물’과 ‘성령’은 하나의 전치사 ἐξ(엑스)가 주관한다. 이는 물과 성령이 하나(a conceptual unit)임을 보여준다(Novakovic, 2020a: 77).
8. 헬라어 원문에는 τὸ γεγεννημένον ἐκ τοῦ πνεύματος πνεῦμά ἐστιν(토 게겐네메논 에크 투 프뉴마토스 프뉴마 에스틴)이라고 되어 있다. 여기에 ‘영’에 해당하는 단어가 두 개 나오는데, 3:5에서와 마찬가지로 문맥을 고려하여 ‘성령’인지 ‘인간의 영’인지를 결정해야 한다. 개역개정과 천주교 성경은 ‘영으로 난 것은 영이니’라고 번역했으나, 바른성경은 ‘성령으로 난 것은 영이다.’라고 번역했다. ESV를 비롯한 상당수 영어 성경도 ‘that which is born of the Spirit is spirit’이라고 번역했다.
9. 헬라어 원문에서 예수님은 2인칭 복수형을 사용하셔서 ὑμᾶς(휘마스)라고 하셨다. 이는 옆에 서 있던 예수님의 제자들을 포함하여, 니고데모와 함께 온 사람들을 가리킬 것이다. 그러나 개역개정은 이 단어를 생략함으로 예수님이 하신 말씀의 의미를 분명히 드러내지 않았다.

7 내가 너에게 '너희는[9] 위로부터[10] 태어나야 한다.'라고 말한 것을 이
상하게[11] 생각하지 말라.
8 바람은 불고 싶은 데로 분다. 그리고 너는 그것의 소리를 듣는다. 그
러나 너는 그것이 어디서 와서 어디로 가는지 알지 못한다. 성령으로
태어난 사람도 다 이와 같다."
9 니고데모가 그분께 말했다. "어떻게 이런 일들이 일어날 수 있습니까?"
10 예수님께서 그에게 대답하셨다. "너는 이스라엘의 선생으로서 이런
것들을 알지 못하느냐?
11 진실로 진실로 내가 너에게 말한다. 우리는 우리가 아는 것을 말하고
우리가 본 것을 증언하지만, 너희는 우리의 증언을 받지 않고 있다.[12]
12 내가 너희에게 땅의 일들을[13] 말해도 너희가 믿지 않는데, 하늘의 일

---

10. ἄνωθεν(아노쎈)의 '이중의미(double entendre)'에 관해서는 3:3의 설명을 참고하라(참고. BDAG, 92.1).

11. θαυμάσῃς(싸우마세스)를 개역개정은 '놀랍게'라고 번역한다. 이 단어는 아오리스트인데, 예수님이 하신 말씀에 대한 니고데모의 행동을 반영한다. 개역개정과 천주교 성경은 이 단어를 '놀라다(NRSV: 'astonish', NIV: 'surprise')'로 번역했으나, 바른성경은 '이상하게 여기다(ESV, NASB: 'marvel')'로 번역했다. 문맥을 고려할 때 '이상하게 여기다'라는 뜻이 더 낫다(Zerwick, 1996: 292).

12. 예수님이 1인칭 복수형('우리')과 2인칭 복수형('너희')을 함께 사용하신 것은 예수님을 중심으로 하는 제자 공동체와 니고데모를 포함하는 유대인 공동체의 대조를 반영한다(참고. 3:7의 설명).

13. τὰ ἐπίγεια(타 에피게이아)는 복수형으로 '땅의 일들(earthly things)'이다. 하지만 개역개정은 단수형으로 번역했다. 이어지는 τὰ ἐπουράνια(타 에푸라니아)도 복수형으로 '하늘의 일들(heavenly things)'이지만, 개역개정은 단수형으로 번역했다. 여기서 '땅의 일들'과 '하늘의 일들'은 각각 '땅에서 일어나는 일들'

들을 말하면 어떻게 너희가 믿겠느냐?[14]

13 하늘에서 내려온 자, 곧 인자 외에는 하늘로 올라간 이가 없다.

14 모세가 광야에서 뱀을 들어 올린 것 같이 인자도 들어 올려져야 하
는데,

15 이는 그분을 믿는 자마다 영생을[15] 얻게 하려는 것이다.

16 왜냐하면,[16] 하나님께서는 이런 방식으로[17] 세상을 사랑하셔서 하나

과 '하늘에서 일어나는 일들'을 의미한다(Louw and Nida, 1988: 83~4).

14. 개역개정에는 '하물며'라는 단어가 있는데, 이는 헬라어 원문에 없다. 아마도 '어떻게'에 해당하는 πῶς(포스) 때문인 것 같다. '어떻게'가 있으니 굳이 '하물며'를 넣지 않아도 된다.

15. 요한복음에서 ζωὴν αἰώνιον(조엔 아이오니온, '영생')이 처음으로 나왔다(참고. 3:16, 36; 4:14, 36; 5:24, 39; 6:27, 40, 47, 54, 68; 10:28; 12:25, 50; 17:2, 3). 요한복음에서 이 단어는 17:3을 제외하고 언제나 관사 없이 등장한다(Novakovic, 2020a: 87). 이 문맥에서 이 단어는 '영생'을 뜻한다.

16. '왜냐하면'은 접속사 γὰρ(가르)를 번역한 것이다. 이 단어를 통해서 3:16이 3:14~15를 설명한 것임을 알 수 있다. 즉 3:16은 인자가 왜 들어 올려져야 하는지를 가르쳐준다(Novakovic, 2020a: 87~8).

17. οὕτως(후토스)는 '이런 방식으로(in this manner)'라는 뜻이며(참고. J. P. Louw and E. A. Nida, 1988: 611), 특히 ὥστε(호스테, 'so that')와 함께 하면서 더욱 그러하다. 이 구절은 하나님이 세상을 사랑하시되 모세가 광야에서 뱀을 들어 올린 것 같이 인자를 들어 올리시는(십자가에 달리게 하심) 방식으로 사랑하셨다는 뜻이다(참고. Novakovic, 2020a: 87).

밖에 없는 아들을[18] 주셨는데, 이는 그분을 믿는 자마다[19] 멸망하지
않고 영생을 얻게 하기 위해서이다.
17 하나님께서 그 아들을 세상에 보내신 것은 세상을 심판하기 위해
서가 아니라 세상이 그분을 통하여[20] 구원을 받게 하기 위해서이다.
18 그분을 믿는 자는 심판을 받지 않으나, 믿지 않는 자는 이미 심판을
받았는데, 이는 그가 하나님의 하나밖에 없는 아들을 믿지 않았기
때문이다.
19 그 심판은[21] 이것이니, 곧 빛이 세상에 왔으나 사람들이 빛보다 어
둠을 더 사랑했다는 것인데, 이는 그들의 행위가 악했기 때문이다.
20 악을 행하는 자마다 빛을 미워하고 빛을 향하여 나아오지[22] 않는데,

---

18. 헬라어 원문에는 τὸν υἱὸν τὸν μονογενῆ(톤 휘온 톤 모노게네), 즉 '하나밖에 없는 아들'이라고 되어 있다. 개역개정은 줄여서 '독생자'라고 번역했다.

19. Wallace는 πᾶς ὁ πιστεύων(파스 호 피스튜온)을 'everyone who believes'라고 번역한다(Wallace, 1996: 621).

20. δι' αὐτοῦ(디 아우투)를 개역개정은 '그로 말미암아'라고 번역했는데, 이는 수단(by)의 의미가 강하다. '그분을 통하여(through Him)'라고 번역하는 것이 좋다.

21. ἡ κρίσις(헤 크리시스)를 개역개정은 '정죄'라고 번역했다. 하지만 개역개정은 지금까지 이 단어를 '심판'이라고 번역했기에 일관성을 잃어버렸다(참고. 5:30; 8:16; 12:31).

22. ἔρχεται πρὸς τὸ φῶς(에르케타이 프로스 토 포스)를 개역개정과 바른성경은 '빛으로 오지'라고 번역했는데, 전치사 πρὸς(프로스)는 대격 명사와 결합하여 어떤 방향으로 움직이는 것을 의미한다. 따라서 이러한 번역은 의미를 전달하기에 충분하지 않다. '빛을 향하여 나아오지'라고 번역해야 한다.

이는 자신의 행위들이[23] 드러나지 않게 하려는 것이다.[24]
21 그러나[25] 진리를 행하는 자는[26] 빛을 향하여 나아오니,[27] 이는 그의 행
위들이[28] 하나님 안에서 이루어졌음을 나타내려는 것이다."
22 그 후에 예수님께서는[29] 제자들과 유대 땅으로 가셔서 그곳에서 그

---

23. τὰ ἔργα αὐτοῦ(타 에르가 아우투)는 '그의 행위들'인데, 개역개정은 '그 행위'라고 번역했다.

24. ἵνα μὴ ἐλεγχθῇ(히나 메 엘렝크쎄)를 개역개정은 '드러날까 함이요'라고 번역했다. 그러나 ἵνα μὴ(히나 메)는 'lest'란 뜻이다(Zerwick, 1996: 293). 따라서 '드러나지 않게 하려는 것이다'라고 번역하는 것이 타당하다. 천주교 성경은 이 절(clause)을 '자기가 한 일이 드러나지 않게 하려는 것이다'라고 번역했고, ESV는 'lest his works should be exposed.'라고 번역했다.

25. 개역개정은 δὲ(데, '그러나')를 번역하지 않았다. 이 접속사는 3:20과 3:21의 대조를 보여준다.

26. ὁ δὲ ποιῶν τὴν ἀλήθειαν(호 데 포이온 텐 알레쎄이안)을 개역개정은 '진리를 따르는 자'라고 번역했는데, 이것을 '진리를 행하는 자'라고 번역해야 한다.

27. 3:20의 번역을 참고하라.

28. 개역개정은 αὐτοῦ τὰ ἔργα(아우투 타 에르가)를 '그 행위'라고 번역함으로, 남성 단수 속격 대명사 αὐτοῦ(아우투)를 제대로 번역하지 않았으며, 복수형 τὰ ἔργα(타 에르가)를 단수형으로 취급했다.

29. 헬라어 원문에는 ἦλθεν ὁ Ἰησοῦς καὶ οἱ μαθηταὶ αὐτου(엘쎈 호 이에수우스 카이 호이 마쎄타이 아우투)라고 되어 있는데, 이를 직역하면 '예수님과 그분의 제자들이 갔다(ESV: 'Jesus and his disciples went into……')'이다. 여기서 ἦλθεν(엘쎈)이 아오리스트 능동태 직설법 3인칭 단수인 것은 헬라어에서 앞선 주체자(더 중요한 사람, 여기서는 '예수님')의 행동이 우선이고, 뒤따르는 주체자(여기서는 '제자들')의 행동이 앞선 주체자와 같음을 보여주기 때문이다(참고. Novakovic, 2020a: 94). 그런데 이 구절 전체는 예수님이 주도자이시고, 제

들과 함께 머무시면서 세례를 베푸셨다.[30]
23 그리고 요한도 살렘 근처 애논에서 세례를 베풀고 있었는데, 이는
거기에 물이 많았기 때문이다. 그리하여 사람들이[31] 와서 세례를 받
았다.
24 이는 요한이 아직 옥에 갇히지 않았기 때문이다.[32]
25 요한의 제자들 몇 명과 어떤 한 유대인 사이에[33] 정결 예식에 관한

자들이 그분을 따라 행동한 것을 명확히 알려주기에, 이 문구를 의역하여 개역개정과 바른성경과 천주교 성경처럼 '예수님께서는 제자들과 가셨다'로 번역하고자 한다.

30. 미완료 동사 ἐβάπτιζεν(에밥티젠)은 'was baptizing'으로 이해할 수 있다(Wallace, 1996: 412).

31. 헬라어 원문에는 '사람들'이라는 단어가 없고, 단지 3인칭 복수형 단어 두 개 παρεγίνοντο(파레기논토)와 ἐβαπτίζοντο(에밥티존토)가 나온다. 그러나 주어가 없더라도 문맥을 통하여 이 단어의 주어가 '사람들'인 것을 알 수 있다. 이 단어들이 미완료형인 것은 당시에 사람들이 요한에게 계속해서 와서 세례를 받았음을 알려준다(Novakovic, 2020a: 95).

32. 문두에 있는 이유를 나타내는 접속사 γὰρ(가르) 때문에 이 구절은 앞 절의 이유임을 알 수 있다. 즉 요한이 아직 옥에 갇히지 않았기 때문에(이 일은 후에 일어남) 사람들에게 세례를 베풀 수 있었다는 것이다.

33. ἐκ τῶν μαθητῶν Ἰωάννου μετὰ Ἰουδαίου(에크 톤 마쎄톤 이오안누 메타 이우다이우)를 개역개정은 '요한의 제자 중에서 한 유대인과 더불어'라고 번역했다. 그러나 '논쟁'이라는 문맥을 고려할 때 '요한의 제자 중 몇 명과 어떤 한 유대인 사이에'라고 번역하는 것이 적절하다. 바른성경은 '요한의 제자들 몇 명과 어떤 유대인 사이에'라고 번역했으며, ESV는 'between some of John's disciples and a Jew'라고 번역했다. 그런데 전치사 ἐκ(에크)와 더불어 요한의 제자들이 앞에 나온 것을 생각할 때 이 문구를 NASB처럼 'on the part of John's

논쟁이[34] 일어났다.

26 그들이 요한에게 와서 말했다. "랍비님, 보십시오.[35] 당신과 함께 요
르단 건너편에 계셨던 분, 곧 당신이 증언하시던 분이 세례를 베푸
시니, 모든 사람이 그분께 가고 있습니다."
27 요한이 대답했다. "만일 하늘로부터 주어지지 않으면 사람이 아무
것도 받을 수 없다.
28 내가 말하기를 '나는 그리스도가 아니고 그분 앞에 보내심을 받은 자
이다.'라고 한 것을 증언할 자들은 바로 너희들이다.[36]
29 신부를 얻는 자는 신랑이다. 그러나 신랑의 친구는 서서 신랑의 음
성을 듣고 크게 기뻐한다.[37] 그러므로 나는 이러한 기쁨으로 충만해

---

disciples with a Jew'라고 번역할 수도 있는데, 만일 그렇다면 이 논쟁의 시작은 요한의 제자들이라 할 수 있다(참고. Zerwick, 1996: 293).

34. ζήτησις(제테시스)를 개역개정은 '변론'이라고 번역했는데, 현대인들에게 익숙한 용어인 '논쟁'으로 바꾸어 번역하고자 한다. 바른성경은 '논쟁'이라고 번역했고, 천주교 성경은 '말다툼'이라고 번역했다.

35. 이것은 문장 중간에 있는 ἴδε(이데)를 번역한 것이다. 우리말 어법상 이 단어를 문장 중간에 두기 어려워서 (의역하여) 앞으로 당겨 놓았다.

36. 헬라어 원문의 αὐτοὶ ὑμεῖς(아우토이 휘메이스)는 강조 대명사로서 직역하면 '너희 자신들'이지만, 우리말 어법을 고려할 때 '바로 너희들'이라고 번역하는 것이 좋다.

37. ὁ ἑστηκὼς καὶ ἀκούων αὐτοῦ χαρᾷ χαίρει διὰ τὴν φωνὴν τοῦ νυμφίου (호 에스테코스 카이 아쿠온 아우투 카라 카이레이 디아 텐 포넨 투 뉨피우)를 직역하면, '서서 그의 음성을 듣고, 신랑의 음성으로 인하여 크게 기뻐한다'이다. 그러나 이렇게 번역하면 문장이 어색해지고 뜻이 정확히 전달되지 않는다. 따라서 위와 같이 번역한다. 바른성경의 번역도 위와 같다. 천주교 성경은 의역

졌다.[38]

30 그분은 반드시[39] 흥하셔야 하지만,[40] 나는 쇠하여야 한다."

31 위로부터 오시는 분은 모든 것 위에 계신다. 땅으로부터 나온 자는
땅에 속하여 땅에 속한 것을 말한다. 하늘로부터 오시는 분은 모든
것 위에 계신다.[41]

32 그분은 자신이 보고 들은 것을 증언하시나, 아무도 그분의 증언을 받
아들이지[42] 않는다.

33 그분의 증언을 받아들이는 자는 '하나님이 참되시다.'라는 것을 증
명했다.[43]

하여 '신랑의 소리를 들으려고 서 있다가, 그의 목소리를 듣게 되면 크게 기뻐한다'라고 했다.

38. πεπλήρωται(페플레로타이)는 수동태이다. 따라서 개역개정의 '충만하였노라'와 달리 '충만해졌다'라고 번역해야 한다.

39. '반드시'는 δεῖ(데이, must)를 반영한 것이다.

40. 이 문장에서 δὲ(데)는 '그러나(but)'라는 뜻이다. '흥하다'에 해당하는 αὐξάνω(아욱사노)는 요한복음에 한번 밖에 등장하지 않는다. 이 단어는 원래 식물이나 사람이 건강하게 성장하는 것을 뜻한다(권해생, 2021: 165).

41. ἐπάνω πάντων ἐστίν(에파노 판톤 에스틴)은 P[36vid,66c] B L W[supp] Ψ 등에 있고, D *f*[1] 205 565 it[a,b,d,e] syr[c] 등에는 없다. 필사자들이 부주의하게 이 부분을 기록했다고 보는 견해가 있으나 분명하지 않다. UBS 위원회는 꺾쇠괄호로 처리했다(참고. Metzger, 1994: 175~76).

42. λαμβάνει(람바네이)를 개역개정은 '받다'로 번역했으나, 이는 뜻이 분명하지 않으므로 바른성경처럼 '받아들인다(receive)'로 번역한다.

43. ἐσφράγισεν(에스프라기센)을 개역개정은 '인쳤다(seal)'로 번역했다. 하지만 여기서 이 단어의 뜻은 '[어떤 것을] 증명하다(attest)'이다(Zerwick, 1996: 294;

34 왜냐하면, 하나님이 보내신 분은 하나님의 말씀을 하시는데, 이는 그
분(하나님)이[44] 성령을 한량없이[45] 주시기 때문이다.
35 아버지께서 그 아들을 사랑하셔서 모든 것을 그분의 손에 주셨다.
36 그 아들을 믿는 자는[46] 영생을 얻지만, 그 아들에게 순종하지 않는
자는 생명을[47] 경험하지[48] 못하고, 오히려 하나님의 진노가 그 사람
위에 머물러 있다.

BDAG, 980; 권해생, 2021: 166).

44. 헬라어 본문에는 '하나님'이 없고, 단지 '주다'라는 뜻을 가진 3인칭 단수 동사 δίδωσιν(디도신)이 있다.

45. οὐ……ἐκ μέτρου(우……에크 메트루)는 'without measure(Zerwick, 1996: 294)', 혹은 'bountifully(Novakovic, 2020a: 103)'라는 뜻이다. 우리말로는 '풍성하게' 혹은 '한량없이'이다.

46. ὁ πιστεύων(호 피스튜온)은 주격 분사이므로 '믿는 자는(NASB: 'he who believes……')'이라고 번역해야 한다. 하지만 개역개정은 '믿는 자에게는'이라는 대격으로 번역했다.

47. 헬라어 원문에 ζωήν(조엔)이라고 되어 있어서 '생명'으로 번역했다. 그러나 그 뜻은 '영생'이다. 개역개정은 이를 '영생'이라고 번역했으나, 바른성경과 천주교 성경은 '생명'이라고 번역했고, 대부분의 영어 성경도 'life'라고 번역했다.

48. ὄψεται(옵세타이)는 ὁράω(호라오)의 미래 디포넌트 직설법 3인칭 단수이다. 이 단어는 '본다(see)'라는 뜻이다. 그러나 Novakovic은 이를 '경험한다(experience)'로 의역한다(Novakovic, 2020a: 105).

요한복음 4장

1 예수님께서[1] 자신이[2] 요한보다 많은 이들을 제자들로 삼고 세례를 베
풉다는 것을 바리새인들이 들었다는 것을 아셨을 때[3]
2 –사실은[4] 예수님께서 친히[5] 세례를 베푸신 것이 아니라 제자들이(베
푼 것이다.)–[6]
3 그분은[7] 유대를 떠나 다시 갈릴래아로 가셨다.

---

1. 다수사본은 ὁ Ἰησοῦς(호 이에수우스, '예수님') 대신에 ὁ κύριος(호 퀴리오스, '주님')를 지지한다. 아마도 필사자들이 예수님이 두 번 나오는 것을 부드럽게 하기 위하여 ὁ κύριος로 바꾸었을 것이다.
2. 헬라어 원문에는 접속사 ὅτι(호티)에 이어 직설법 절(clause)이 나오면서 '예수'라는 이름이 있다. ὅτι(호티)+직설법의 용례에 대해서는 Wallace, 1996: 661을 보라.
3. 헬라어 문장의 제일 앞에는 시간을 나타내는 접속사 ὡς(호스)가 있다.
4. '사실은'은 καίτοιγε(카이토이게)를 번역한 것이다. 개역개정은 이를 번역하지 않았다. 바른성경과 천주교 성경은 '사실은'이라고 번역했고, ESV와 NASB와 NRSV는 'although'라고 번역했다(참고. BDAG, 496).
5. 헬라어 원문에는 Ἰησοῦς αὐτὸς(이에수우스 아우토스)라고 되어 있는데, 이는 강조 대명사로서 '예수님께서 친히('Jesus himself')'라는 뜻이다.
6. 헬라어 원문에는 문장의 마지막에 동사 βαπτίζω(밥티조)가 없다.
7. 이 문장의 내재적 주체자(implied subject)는 예수님이시다(Novakovic, 2020a: 107).

4 그리고[8] 그분은[9] 사마리아를 가로질러[10] 가셔야 했다.[11]
5 그분은 시카르라고 불리는 사마리아의 한 마을에 이르셨는데,[12] 야곱
이 그의 아들 요셉에게 준 땅이 가까웠다.
6 거기에 야곱의 우물이 있었다. 예수님께서 길을 걷느라 피곤하여 우
물 곁에 앉으셨다. 때는 여섯 시쯤 되었다.
7 한 사마리아 여자가 물을 길으러 왔다. 예수님께서 그녀에게 "나에게
물을 좀 다오."[13]라고 말씀하셨다.

---

8. 문맥을 고려할 때 접속사 δὲ(데)를 '그리고'로 번역할 수 있다. 개역개정은 이 단어를 번역하지 않았다. 천주교 성경은 '그때에'라고 번역했는데, 이것도 가능하다.
9. 헬라어 원문에 διέρχεσθαι(디에르케스싸이)의 주체자인 3인칭 단수 αὐτὸν(아우톤)이 있으나 개역개정은 번역하지 않았다.
10. 현재 중간태 동사 διέρχεσθαι(디에르케스싸이)에 이어 나오는 전치사 διὰ(디아)는 속격과 함께 'to pass through'를 의미한다. 개역개정은 '통과한다'라고 번역했는데, 현대 어법상 이 단어보다 천주교 성경이 채택한 '가로질러 간다'가 더 낫다.
11. 헬라어 문장의 제일 앞에 있는 미완료 능동태 직설법 3인칭 단수 동사 Ἔδει(에데이)는 예수님의 의지('반드시……해야 한다')를 강조한다. Ἔδει(에데이)로 시작되는 이 구절을 ESV와 NASB는 'And he had to pass through Samaria.'라고 번역했다. 그리고 Wallace는 'Now it was necessary for him to pass through Samaria.'라고 번역했다(Wallace, 1996: 601).
12. 현재 중간태 3인칭 단수 동사 ἔρχεται(에르케타이)는 역사적 현재형(historical present)이므로 과거로 번역할 수 있다. 이 단어는 새로운 지리적 배경으로의 전환을 표시한다(Novakovic, 2020a: 108).
13. δός μοι πεῖν(도스 모이 페인)을 직역하면 '나에게 마실 것을 달라(ESV: 'give me a drink')'이다(참고. Zerwick, 1996: 295). 그러나 여기서 내재된 것이 '물'

8 이는[14] 그분의 제자들이 먹을 것을 사러 마을에 들어갔기 때문이었다.
9 사마리아 여자가 그분에게 말했다. "당신은 유대인으로서 어떻게 사
마리아 여자인 저에게 물을 달라고 하십니까?" 이는 유대인들이 사
마리아인들과 상종하지 않기[15] 때문이었다.
10 예수님께서 그녀에게 대답하셨다. "만일 네가 하나님의 선물과, 또
'나에게 물을 좀 다오'라고 너에게 말하는 이가 누구인지 알았더라
면, 네가 그에게 구했을 것이며, 그가 너에게 생수를 주었을 것이다."
11 그 여자가 그분께 말했다. "주님, 당신은[16] 두레박을 가지고 있지 않
고, 우물도 깊은데 어디서 당신이 그 생수를[17] 얻겠습니까?
12 당신은 우리 조상 야곱보다 더 위대하십니까?[18] 그는 우리에게 이 우

이 분명하므로, '나에게 물을 좀 다오'라고 의역할 수 있다.

14. '이는'에 해당하는 γὰρ(가르)는 왜 예수님이 우물가에 홀로 남으셔서 사마리아 여인에게 마실 물을 좀 달라고 하셨는지에 대한 이유를 설명해준다(Novakovic, 2020a: 111).

15. συγχρῶνται(쉉크론타이)는 현재형이다. 이 단어는 관계적으로 연합하거나 장소적으로 함께 하지 않는 것을 의미한다(참고. BDAG, 953.2). 영어로는 'have dealings with'이라고 번역할 수 있다(Zerwick, 1996: 295).

16. 헬라어 원문에는 2인칭 단수 동사 ἔχεις(에케이스)가 있으므로 개역개정과 달리 '당신은'을 넣는 것이 뜻을 분명하게 한다.

17. 4:10의 '생수(ὕδωρ ζῶν)'를 4:11에서 받는 것이므로 '그 생수(τὸ ὕδωρ τὸ ζῶν)'를 '이 생수(NRSV: 'this living water')'라고 번역할 수도 있다. Wallace는 이 문구를 다음과 같이 의역했다(Wallace, 1996: 218). 'Where do you keep this living water of which you just spoke?'

18. 서술 형용사 μείζων(메이존)은 μέγας(메가스)의 비교급으로서 'greater'라는 뜻이다.

물을 주었고, 그 자신과 그의 아들들과 그의 가축들이 이곳에서 마
셨습니다."
13 예수님께서 그녀에게 대답하셨다. "이 물을 마시는 자마다 다시 목
마를 것이지만,
14 내가 주는 물을 마시는 자는[19] 영원히 목마르지 않을 것이다. 내가
그에게 주는 물은 그의 안에서 영생에 이르도록[20] 솟아나는 샘물이
될 것이다."
15 그 여자가 그분께 말했다. "주님, 저에게 그 물을 주셔서 제가 목마르
지 않고 물을 길으러 여기에 오지도 않게 해 주십시오."
16 그분이 그 여자에게 말씀하셨다. "가서 네 남편을 불러서 이리로[21] 오
너라."
17 그 여자가 그분께 대답했다. "저에게는 남편이 없습니다." 예수님께서
그 여자에게 말씀하셨다. "네가 '저에게는 남편이 없습니다.'라고[22] 옳
게 말했다.

---

19. *δώσω*(도소)의 여격 간접 목적어 *αὐτῷ*(아우토)는 남성형이지만, 이 문맥에서는 모든 사람을 지칭한다(참고. Wallace, 1996: 339).

20. *εἰς ζωὴν αἰώνιον*(에이스 조엔 아이오니온)은 '목표(goal)' 혹은 '결과(result)'를 뜻한다(Novakovic, 2020a: 117). 요한복음에서 이러한 용례에 대해서는 3:15를 보라. 따라서 이 표현을 '영생에 이르도록'이라고 번역한다. 개역개정은 '영생하도록'이라고 번역했고, ESV와 NASB는 'up to eternal life'라고 번역했다.

21. 장소를 나타내는 부사 *ἐνθάδε*(엔싸데)를 개역개정은 번역하지 않았다.

22. 4:17a에서 여자는 예수님께 *οὐκ ἔχω ἄνδρα*(우크 에코 안드라)라고 말했지만, 4:17b에서 예수님은 이를 *ἄνδρα οὐκ ἔχω*(안드라 우크 에코)라고 인용하셨다. 그러나 단어의 위치는 바뀌었어도 의미는 같다.

18 이는 너에게 남편이 다섯이나 있었고 지금 있는 남자도 네 남편이 아
니니, 네가 이렇게 말한 것은 옳다."
19 그 여자가 그분께 말했다. "주님, 제가 보기에 당신은 선지자[23]이십
니다.
20 우리 조상들은 이 산에서 예배했는데, 당신들은[24] 예배해야 하는 곳
이[25] 예루살렘에 있다고 합니다."
21 예수님께서 그 여자에게 말씀하셨다. "여자여, 내 말을 믿어라.[26] 이
산에서도 아니고 예루살렘에서도 아니고, 너희가 아버지께[27] 예배할

---

23. 여기서 '선지자'에 해당하는 προφήτης(프로페테스)에는 관사가 붙어 있지 않다. 따라서 이것은 신명기 18장에 예언된 '그 선지자'라고 하기 어렵다. 아마도 사마리아 여자는 예수님이 자신의 형편에 관하여 초자연적인 지식을 가지고 아시는 것을 보고 뛰어난 사람이라고 생각해서 이렇게 말했을 것이다(참고. Wallace, 1996: 265~66).
24. 이 구절에서 2인칭 복수 인칭대명사 ὑμεῖς(휘메이스)는 οἱ πατέρες ἡμῶν(호이 파테레스 헤몬, '우리 조상들')과 대조된다. 따라서 ὑμεῖς(휘메이스)를 '당신들'이라고 번역하되, 그 뜻이 '사마리아인들'과 대조되는 '유대인들'이라는 점을 밝히고자 한다(참고. Novakovic, 2020a: 121).
25. 헬라어 원문에는 이 문장의 제일 끝에 현재 능동태 직설법 3인칭 단수 동사 δεῖ(데이)가 있다. 이 단어는 'it is necessary'라는 뜻이다. 따라서 개역개정처럼 '예배할 곳'보다 '예배해야 하는 곳'이라고 번역하는 것이 좋다.
26. 헬라어 원문에는 πίστευέ μοι(피스튜에 모이)라고 되어 있어서 직역하면 '나를 믿어라'이다. 그러나 여기서 '나'란 '내 말'을 가리키므로 뜻을 명료하게 하고자 '내 말을 믿어라'라고 번역한다.
27. τῷ πατρί(토 파트리)는 προσκυνήσετε(프로스퀴네세테)의 직접 목적어이며, 특히 관사가 붙어 있어서, '하나님 아버지'를 가리키는 것임을 알 수 있다.

때가 오고 있다.[28]

22 너희는 알지도 못하는 분을[29] 예배하지만, 우리는 아는 분을 예배하
는데, 이는 구원이 유대인들에게서 나오기 때문이다.

23 그러나 참된 예배자들이 아버지께 영과 진리로[30] 예배할 때가 오는
데, 바로 지금이다. 이는[31] 아버지께서 그분에게 이렇게 예배하는 사
람들을 찾으시기 때문이다.

24 하나님은 영이시다. 그러므로 그분께[32] 예배하는 자들은[33] 영과 진리

---

28. ἔρχεται(에르케타이)는 현재 중간태이므로 '오고 있다'로 번역한다. 개역개정은 '이르리라'라고 번역했다. ESV와 NRSV 등은 'the hour is coming'으로 번역했다.

29. 관계대명사 ὃ(호)는 οὐκ οἴδατε(우크 오이다테)의 직접 목적어인데, 중성(neuter)이어서 '것'이라고 번역할 수 있으나, 어쨌듯 '하나님'을 가리키기 때문에 '분'으로 번역했다. 이는 이어지는 절의 ὃ οἴδαμεν(호 오이다멘, '우리는 아는 분께')에서도 마찬가지이다. 바른성경은 앞부분을 '알지 못하는 것'이라고 번역했고, 뒷부분을 '아는 분'이라고 번역했다. 천주교 성경은 '알지도 못하는 분'과 '아는 분'이라고 번역했다.

30. 전치사 ἐν(엔)은 이어지는 두 개의 명사 πνεύματι(프뉴마티)와 ἀληθείᾳ(알레쎄이아)에 모두 연결되는데, 이는 이 두 명사가 같은 개념적 단위를 형성함을 의미한다(Novakovic, 2020a: 124).

31. '이는 …… 때문이다'는 καὶ γὰρ(카이 가르)를 번역한 것이다. 개역개정은 이를 번역하지 않았다.

32. 헬라어 원문에는 '그분'에 해당하는 αὐτὸν(아우톤)이 있으나, 개역개정은 번역하지 않았다. 이 단어는 대격이지만, 예배의 대상을 뜻하므로 여격처럼 '그분께'라고 번역했다.

33. προσκυνοῦντας(프로스퀴눈타스)는 복수형이므로 '예배하는 자들'이라고 번

로 예배해야 한다."
25 그 여자가 그분께 말했다. "저는 그리스도라고 하는 메시아가 오신
다는 것을 압니다. 그분이 오시면 우리에게 모든 것을 알려주실 것
입니다."
26 예수님께서 그 여자에게 말씀하셨다. "너에게 말하고 있는 내가 그
이다."[34]
27 이때 그분의 제자들이 돌아와서 그분이[35] 여자와 말씀하시는 것을
이상히 여겼다. 그러나 "무엇을 찾으십니까?" 혹은 "왜 그 여자와 말
씀하십니까?"라고 묻는 자가 없었다.
28 그 여자는 그녀의[36] 물동이를 버려두고 마을에 들어가서 사람들에
게 말했다.[37]
29 "내가 행한 모든 것을 나에게 말한 사람을 와서 보십시오. 이 사람은
그리스도가 아닐까요?"

역해야 한다. 그러나 개역개정은 단수로 취급하여 '예배하는 자'라고 번역했다.

34. '내가 그이다'는 ἐγώ εἰμι(에고 에이미)를 번역한 것이다. NRSV와 NIV는 이 어구를 'I am he.'라고 번역했다. 이것은 요한복음에 자주 나오는 신적 계시 어구이다(참고. 6:20; 8:24, 28, 58; 13:19; 18:5, 6, 8). 이것은 구약성경(LXX)에서 하나님이 자신을 여호와로 나타내실 때 사용하신 것이다(참고. 출3:14; 사41:4 등).

35. 헬라어 본문에는 아오리스트 3인칭 단수 동사 ἐλάλει(엘랄레이)가 있는데, 이는 예수님의 행동을 가리킨다. 이 동사는 미완료형으로서 제자들이 왔을 때 예수님이 사마리아 여자와 계속해서 말씀을 나누는 중이었음을 암시한다.

36. 개역개정에는 소유격 인칭대명사 αὐτῆς(아우테스)가 번역되어 있지 않다.

37. λέγει(레게이)는 역사적 현재형이므로 과거로 번역한다.

30 그들이 마을에서 나와 그분께 왔다.[38]
31 그러는 동안에[39] 제자들이 그분에게 청하여 말했다. "랍비님, 잡수
십시오."
32 그러나[40] 그분은 그들에게 말씀하셨다. "나는 너희가 알지 못하는 먹
을 음식을 가지고 있다."
33 그러자 제자들이 서로 말했다. "누가 그분께 잡수실 것을 갖다 드렸
다는 말인가?"[41]
34 예수님께서 그들에게 말씀하셨다. "나의 양식은 나를 보내신 분의

---

38. ἤρχοντο(에르콘토)는 미완료 중간태 직설법 3인칭 복수형이다. 이것은 사마리아 마을 사람들이 예수님께 계속해서 나아오는 것을 의미한다. Wallace는 이 문장을 'They came out of the city and began coming to him.'이라고 번역했다. 전치사구 πρὸς αὐτόν(프로스 아우톤)은 '그를 향하여'(motion)라는 뜻이다.

39. 헬라어 원문에서 문장 제일 앞에 있는 전치사구 Ἐν τῷ μεταξὺ(엔 토 메탁소)는 'meanwhile' 혹은 'in the meantime'이라는 뜻이다(Zerwick, 1996: 296; Wallace, 1996: 232). 우리말로는 천주교 성경처럼 '그러는 동안에'라고 번역할 수 있다. 개역개정은 '그 사이에'라고 번역했다.

40. Novakovic은 문두의 ὁ δὲ(호 데)가 내러티브에서 화자가 바뀔 때 흔히 나온다고 알려준다(Novakovic, 2020a: 130). 개역개정은 δὲ(데)에 해당하는 '그러나'를 번역하지 않았다.

41. μή τις ἤνεγκεν αὐτῷ φαγεῖν(메 티스 에넹켄 아우토 파게인)을 직역하면 문장이 어색해지므로 조금 의역해서 위와 같이 번역한다. NASB는 'No one brought Him anything to eat, did he?'라고 번역했다. 부정어 μή(메)로 시작하는 질문은 '아니다'라는 답변을 내재한다(Zerwick, 1996: 296).

뜻을 행하는 것과 그분의 일을 완성하는[42] 것이다.[43]
35 너희는 '아직 넉 달이 지나야 추수 때가 온다.'라고 말하지 않았느냐?
내가 너희에게 말하니, 자,[44] 너희의 눈을 들어서 추수 때가 되어 희
어진 밭들을[45] 보라.
36 추수하는 자는 이미[46] 품삯을 받고 영생에 이르는 열매를 거두어
들이는데,[47] 이는 심는 자와 추수하는 자가 함께 기뻐하기 위해서
이다.[48]

---

42. τελειώσω(텔레이오소)는 '완성한다(fulfill, complete)'라는 뜻의 아오리스트 능동태 가정법 1인칭 단수형이다. 개역개정은 이 단어를 '온전히 이루는'으로 번역했다. 그러나 여기서는 '완성한다'로 번역하는 것이 더 좋다(참고. Wallace, 1996: 475).
43. 이 구절에서 ἵνα(히나) 이후에 나오는 두 개의 동사 ποιήσω(포이에소)와 τελειώσω(텔레이오소)는 모두 가정법인데, 이는 목적을 의미한다(참고. Wallace, 1996: 661). 특히 두 동사 모두 아오리스트가 사용되어서 단호한 목적을 강조한다.
44. '자'는 ἰδοὺ(이두)를 번역한 것이다. 천주교 성경은 이렇게 번역했다. 이 단어는 acute accent가 붙었을 때 듣는 사람들의 시선을 끄는 역할을 한다(참고. BDAG, 468).
45. τὰς χώρας(타스 코라스)는 대격 복수형으로 '밭들을(cultivated fields)'이라는 뜻이다(참고. Zerwick, 1996: 297). 천주교 성경은 '밭들을'이라고 번역했으나, 개역개정은 단수형으로 취급하여 '밭을'이라고 번역했다.
46. 헬라어 원문에는 '이미'에 해당하는 ἤδη(에데)가 4:35에 있다.
47. συνάγει(쉬나게이)를 개역개정은 '모으나니'라고 번역했다. 하지만 추수의 문맥에서는 '거두어들이는데'라고 번역하는 것이 더 좋다.
48. '기뻐한다'에 해당하는 χαίρῃ(카이레)는 현재 능동태 가정법 3인칭 단수로서

37 그러므로[49] '한 사람은 심고, 다른 사람은 추수한다.'라는 말이 옳다.
38 나는 너희가 수고하지 않은 것을 추수하게 하려고 너희를 보냈다. 다
른 사람들은 수고했고, 너희는 그들의 수고에 참여했다."
39 그 마을에서 많은 사마리아인이 그분을 믿었는데, 이는 그 여자가
"내가 행한 모든 것을 그분이 나에게 말씀하셨다."라고 증언했기 때
문이다.
40 그러므로 사마리아 사람들이 그분께 와서 자기들과 함께 머무시기
를 청하므로 그분은 거기서 이틀을 머무셨다.
41 그분의 말씀으로 말미암아 더 많은 사람이[50] 믿었다.
42 그들은 그 여자에게 "우리가 믿는 것은 더 이상[51] 당신이 한 말 때문
이 아니라, 우리가 직접 듣고 이분이 참으로 세상의 구주이심을 알
았기 때문이다."라고 말했다.

ἵνα(히나)와 결합하여 목적을 나타낸다. 그런데 이 문장에서 '심는 자'의 기쁨이 주가 되는데, 이는 결과를 중시하는 오늘날의 풍토에 생각할 거리를 준다(Wallace, 1996: 402).

49. '그러므로'는 γὰρ(가르)를 번역한 것이다. 여기서 이 단어는 앞 구절의 내용을 지지하기 위해서 사용되었다(Novakovic, 2020a: 133). 이 단어를 바른성경은 '이처럼'이라고 번역했고, 천주교 성경은 '과연'이라고 번역했다.

50. πολλῷ πλείους(폴로 플레이우스)는 'many more'란 뜻이다. ESV, NASB, NRSV가 그렇게 번역했다. 바른성경과 천주교 성경은 '더 많은 사람'이라고 번역했다.

51. 시간을 지시하는 부정 부사 οὐκέτι(우케티)를 개역개정과 바른성경은 '이제'라고 번역했으나, '더 이상(no longer)'으로 번역하는 것이 적절하다.

43 이틀 후에[52] 그분은 그곳을 떠나 갈릴래아로 가셨다.
44 예수님께서는 친히 "선지자가 자기 고향에서 존경을 받지 못한다."
라고 증언하신 적이 있다.[53]
45 그분이 갈릴래아에 도착하셨을 때[54] 갈릴래아 사람들이 그분을 영
접했는데, 이는 그들도 명절을 지키려고 (예루살렘에) 갔다가 예수
님께서 명절에 예루살렘에서 행하신 모든 일을 보았기 때문이다.
46 그분은 다시 갈릴래아 카나에 도착하셨는데, 이곳은 그분이 물로 포
도주를[55] 만드신 곳이었다. 어떤[56] 왕의 신하가 있었는데, 그의 아들

---

52. μετά …… τὰς δύο ἡμέρας(메타…… 타스 뒤오 헤메라스)는 4:40의 ἔμεινεν ἐκεῖ δύο ἡμέρας(에메이넨 에케이 뒤오 헤메라스)를 이어받는다. 이 어구를 '이틀 후에(ESV: 'after the two days')'라고 번역할 수 있다(참고. Wallace, 1996: 219).

53. 문두의 γὰρ(가르)는 앞 절의 의미를 이 구절에서 설명하는 기능을 하기에 아오리스트 동사 ἐμαρτύρησεν(에마르튀레센)과 결합하여 '증언하신 적이 있다'라는 뜻이 된다. 천주교 성경이 이렇게 번역했다. 이 구절은 예수님이 고향에서 환영받지 못할 것을 아시면서도 갈릴래아로 가셨다는 뜻이다(참고. 정창욱, 2008: 122~38; Louw and Nida, 1988: 134).

54. ἦλθεν(엘쎈)은 ἔρχομαι(에르코마이)의 아오리스트 능동태 직설법 3인칭 단수형이다. 이 동사는 일반적으로 '온다' 혹은 '간다'의 의미이나, 문맥에 따라서 '도착한다'로 이해할 수도 있다. NIV는 이 단어를 'arrived'로 번역했다.

55. 헬라어 원문에는 τὸ ὕδωρ οἶνον(토 휘도르 오이논)이라고 되어 있는데, 이를 직역하면 '물 포도주(ESV, NASB: 'the water wine)'이다. 하지만 이렇게 번역하면 의미가 명확해지지 않기에, 의역하여 '물로 포도주를 (만드셨다)'(NIV: 'the water into wine')이라고 번역한다.

56. '어떤'은 τις(티스)를 번역한 것이다. 개역개정은 이 단어를 번역하지 않았다.

이 카페르나움에서 병들어 있었다.[57]

47 그는 예수님께서 유대로부터 갈릴래아로 오셨다는 것을 듣고 그분
께 가서, 내려오셔서 자기 아들을 고쳐 달라고 청했으니,[58] 이는 자
기 아들이 거의 죽게 되었기 때문이다.

48 예수님께서 그에게 말씀하셨다. "너희는 표적들과 이적들을[59] 보지
않으면 도무지 믿지 않을 것이다."[60]

49 그 신하가 그분께 말했다. "주님, 제 아이가[61] 죽기 전에 내려와 주
십시오."

50 예수님께서 그에게 말씀하셨다. "가라, 네 아들이 살아날 것이다."[62]

---

57. *ἠσθένει*(에스쎄네이)는 미완료 능동태이므로 '병들어 있었다'로 번역할 수 있다.

58. '청하다'에 해당하는 *ἠρώτα*(에로타)는 미완료이므로 계속해서 청했다는 뜻이다(참고. Novakovic, 2020a: 141). 그래서 NASB는 이 단어를 '(he) was requesting'이라고 번역했다.

59. *σημεῖα καὶ τέρατα*(세메이아 카이 테라타)는 대격 복수형이므로 '표적들과 이적들을'이라고 번역할 수 있다. *τέρατα*(테라타)는 개역개정에서 '기사'라고 되어 있으나, 현대어에서는 이 단어를 잘 사용하지 않으므로 '이적들'이라고 번역하는 것이 좋다.

60. 이중 부정어 *οὐ μὴ*(우 메)는 강조이다. 이 부정어 뒤에는 주로 아오리스트 가정법 동사가 나온다(Novakovic, 2020a: 142). 여기서도 *πιστεύσητε*(피스튜세테)라는 아오리스트 가정법 동사가 나왔다.

61. *παιδίον*(파이디온)은 '일반적으로 사춘기 이전의 아이'를 가리킨다(BDAG, 749.1).

62. '살다'에 해당하는 헬라어 *ζῇ*(제)는 현재형이지만, 여기서는 미래에 일어날 일을 묘사한다(Novakovic, 2020a: 143). 따라서 이 단어를 '살아날 것이다'로 번역하는 것이 좋다. 개역개정과 바른성경은 현재형으로 보아서 '살아 있다'로 번

그 사람은 예수님께서 그에게 하신 말씀을 믿고 길을 떠났다.[63]
51 그가 내려가는 도중에[64] 그의 종들이 그를 만나 그의 아이가 살아 있
다고 말했다.
52 그래서 그는 그(그의 아들)가 낫기[65] 시작한 때를 물었다. 그러자 그
들이 그에게 "어제 일곱 시에 열이 떨어졌습니다."라고 말했다.

역했으나, 천주교 성경은 미래형으로 보아서 '살아날 것이다'라고 번역했다. ESV와 NIV와 NRSV는 'your son will live'로 번역했다.

63. ἐπορεύετο(에포류에토)는 미완료 중간태 직설법 3인칭 단수로서 신하가 '움직이기 시작한 것'을 암시한다. 따라서 이 단어를 '길을 떠났다'로 번역하는 것이 좋다. 천주교 성경은 '떠나갔다'로 번역했고, ESV는 'went on his way'로 번역했으며, NRSV는 'started on his way'로 번역했다.

64. 이 문맥에서 ἤδη(에데)의 의미는 'still'이다(Zerwick, 1996: 298). 이 단어는 시간적 의미를 담고 있다(참고. Novakovic, 2020a: 143). 따라서 '……하는 도중에'로 번역할 수 있다. 현재 능동태 분사 남성 속격 단수 καταβαίνοντος(카타바이논토스)는 절대 속격(genitive absolute)이므로 'while he was still in the way'로 이해할 수 있다(참고. Zerwick, 1996: 298). NASB는 이 문구를 'as he was now going down'으로 번역했다.

65. κομψότερον(콤프소테론)은 κομψός(fine, well)의 비교급 부사로서, 'better'라는 뜻이다. 따라서 Novakovic은 κομψότερον ἔσχεν(콤프소테론 에스켄)이 'feel better'를 의미하거나(BDAG, 422.10.b), 'begin to improve'를 뜻한다고(BDAG, 558) 설명한다(Novakovic, 2020a: 144). Wallace는 κομψότερον ἔσχεν(콤프소테론 에스켄)을 'he got better'로 이해한다(Wallace, 1996: 559).

66. ὁ πατὴρ(호 파테르)는 '그 아버지'이다. 개역개정은 이 사람의 신분을 명확히 하기 위해서 '그의 아버지'라고 번역했으나, 바른성경과 천주교 성경은 '그 아버지'라고 번역했다.

53 그 아버지는[66] 예수님께서 그에게 "네 아들이 살아날 것이다."라고[67]
말씀하신 그때인 것을 알았다. 그래서 그와 그의 온 집안이 믿었다.[68]
54 이것은 예수님께서 유대에서 갈릴래아로 오신 후에 행하신 두 번째
표적이다.

---

67. 4:50에서와 마찬가지로, ζῇ(제)는 현재형이지만, 이 문맥에서는 미래에 일어날 일을 묘사한다. 따라서 이 단어를 '살아날 것이다'로 번역하는 것이 좋다.
68. 아오리스트 능동태 직설법 3인칭 단수 동사 ἐπίστευσεν(에피스튜센)은 3인칭 단수이지만, 두 명(여기서는 '그와 그의 온 집안')의 주체자가 한 행동을 드러내는데, 이것은 앞의 주체자를 강조하는 동시에(참고. Wallace, 1996: 401), 뒤의 주체자가 한 행동이 앞의 주체자가 한 행동과 일치한다는 사실을 보여준다(참고. Novakovic, 2020a: 145~46).

요한복음 5장

1 그 후에 유대인들의 명절이 되어 예수님께서 예루살렘에 올라가셨
다.[1]
2 예루살렘에 있는 양문[2] 곁에 히브리 말로 베데스다라 하는 못이 있는
데, 거기에 행각 다섯이 있었다.[3]
3 그것들 안에는 많은 병자들, 시각장애인들,[4] 다리 저는 자들, 혈기 마
른 자들이 누워 있었다. [그들은 물의 움직임을 기다리고 있었으니,

---

1. ἀνέβη(아네베)는 아오리스트 능동태이므로 바른성경과 천주교 성경처럼 '올라가셨다'로 번역해야 하는데, 개역개정은 '올라가시니라'라고 번역했다.
2. προβατικός(프로바티코스)는 '양(sheep)'을 의미하지만, 예루살렘의 북쪽 벽에 있는 '양의 문(ἡ προβατική πύλη[헤 프로바티케 퓔레], the Sheep Gate)'을 가리키는 표현이기도 했다(Zerwick, 1996: 298; BDAG, 865).
3. 헬라어 원문의 문두에 있는 현재형 동사 ἔστιν(에스틴)이 역사적 현재(historical present)가 아니고 저자(speaker)의 관점에서 볼 때 현재이며, 이를 통해서 요한복음이 기록될 당시에 예루살렘 성전이 무너지지 않았음을 유추할 수 있고, 따라서 요한복음의 저술 연대가 주후 70년 이전일 것이라는 주장이 있다(참고. Wallace, 1996: 531). 그러나 이 책에서는 문장의 자연스러움을 위하여 과거형으로 번역한다.
4. 이 책에서는 신체장애를 표기할 때 가급적 순화된 용어를 사용하고자 한다. τυφλός(튀플로스, 'blind')는 개역개정에 '맹인'이라고 번역되어 있으나, 이 책에서는 '시각장애인'이라고 번역한다. 이러한 번역 지침을 위하여, 채은하, 2012: 140~60을 참고하라.

4 이는 천사가 가끔 못에 내려와 물을 움직이게 하는데, 물이 움직인 후
에 제일 먼저 들어가는 자는 어떤 병에 걸렸든지 나았기 때문이다.][5]
5 그런데 거기에 서른여덟 해 동안 병을 앓던 어떤 사람이 있었다.
6 예수님께서 그가 누워 있는 것을 보시고, 또 그가 이미 오랫동안 그
렇게 된 것을 아시고 그에게 말씀하셨다. "네가 낫기를 바라느냐?"
7 그 병자가 그분께 대답했다. "주님, 물이 움직일 때 저를 못에 넣어 주
는 사람이 없습니다. 제가 가는 동안에 다른 사람이 먼저 내려갑니다."
8 예수님께서 그에게 말씀하셨다. "일어나라. 너의 자리를 들고 걸어
가라."
9 그러자[6] 즉시[7] 그 사람이 나아서 그의 자리를 들고 걸어가기 시작했
다.[8] 그런데[9] 그날은 안식일이었다.

---

5. 이 구절은 원본에 없었을 가능성이 크다. Metzger에 따르면, 가장 오래되고 좋은 증거들($P^{66,75}$ ℵ B C* D T W^{supp} 33 $it^{d,f,l,q}$ 등)에 이 문장이 없으며, 이 문장에 요한의 것이 아닌 단어나 표현들이 들어있다(Metzger, 1994: 179를 보라).
6. '그러자'는 καὶ(카이)를 번역한 것이다. 개역개정은 이를 번역하지 않았다.
7. εὐθέως(유쎄오스)를 개역개정은 '곧'이라고 번역했으나, '즉시('immediately', 'at once')'로 번역하는 것이 좋다(참고. Novakovic, 2020a: 152).
8. περιεπάτει(페리에파테이)는 미완료 능동태 직설법 3인칭 단수형이다. 이 문맥에서 미완료는 병 고침 받은 사람이 걷기 시작한 것을 가리킨다. 즉 이 단어는 행동의 진행을 의미한다. 따라서 이 단어를 '걸어가기 시작했다'로 번역하는 것이 좋다. 개역개정은 '걸어가니라'라고 번역했고, 바른성경과 천주교 성경은 '걸어갔다'로 번역했으나, NASB와 NRSV는 'began to walk'로 번역했다.
9. '그런데'는 δὲ(데)를 번역한 것이다. 이 단어는 내러티브의 발전을 표시한다(Novakovic, 2020a: 153).

10 유대인들은 병 나은 자에게 말했다. "(오늘은)[10] 안식일이므로 너의
자리를 들고 가는 것이 옳지 않다."
11 그러나 그가 그들에게 대답했다. "나를 낫게 하신 분이 '네 자리를 들
고 걸어가라.'라고 말씀하셨습니다."
12 그들이 그에게 물었다. "너에게 '(자리를)[11] 들고 걸어가라.'라고 말한
사람이 누구냐?"
13 그러나 고침을 받은 사람은 그가 누구인지 알지 못했는데, 이는 그
곳에 사람이 많으므로 예수님께서 조용히 자리를 뜨셨기 때문이다.[12]
14 그 후에 예수님께서 성전에서 그를 만나 그에게 말씀하셨다. "보라,
네가 나았으니 더 나쁜 것이[13] 너에게[14] 생기지 않도록 다시는 죄짓

---

10. 헬라어 원문에는 '오늘'이 없다. *σάββατόν ἐστιν*(삽바톤 에스틴, 'it is the Sabbath')이라고 되어 있는데, 이해를 돕기 위하여 위와 같이 번역한다.
11. 헬라어 원문에는 '자리를'이란 단어가 없다. 아오리스트 능동태 명령법 2인칭 단수 동사 *ἆρον*(아론)만 있는데, 이를 통해서 '자리를'이라는 단어를 유추할 수 있다.
12. 아오리스트 능동태 동사 *ἐξένευσεν*(엑세뉴센)의 원형 *ἐκνεύω*(에크뉴오)는 'turn the head', 'turn away', 'move off'를 뜻한다(Zerwick, 1996: 299). 우리말로는 '조용히 자리를 뜨셨다'가 적당하다(참고. Novakovic, 2020a: 155). 개역개정과 바른성경은 '이미 피하셨다'라고 번역했는데, 이는 마치 예수님이 '일찌감치 도망치셨다'라는 느낌을 준다. 천주교 성경은 '몰래 자리를 뜨셨다'라고 번역했다. NASB는 'slipped away'로 번역했고, NRSV는 'disappeared'로 번역했다.
13. *χεῖρόν*(케이론)은 *κακός*(카코스)의 비교급으로 '더 나쁜 것(worse)'을 의미한다. 개역개정과 바른성경은 '더 심한 것'이라고 번역했으며, 천주교 성경은 '더 나쁜 일'이라고 번역했다.
14. '너에게'는 *σοί*(소이)를 번역한 것이다. 개역개정은 이를 번역하지 않았다.

지 말라."
15 그 사람이 유대인들에게 가서 자기를 고친 이는 예수님이라고 말했다.
16 그러므로 유대인들은 예수님께서 안식일에 이런 일들을 행하신다고
하여 그분을 박해하기 시작했다.[15]
17 그러나 예수님께서[16] 그들에게 대답하셨다. "내 아버지께서 지금까
지[17] 일하고 계시니[18] 나도 일하고 있다."[19]
18 이로 말미암아 유대인들이 더욱 그분을 죽이려고 하니, 이는 그분이
안식일을 어기실 뿐 아니라, 하나님을 자신의 아버지라고 하여 자신
을 하나님과 동등하게 삼으셨기 때문이다.

---

15. ἐδίωκον(에디오콘)은 미완료이므로 '박해하기 시작했다'로 번역하는 것이 좋다. 천주교 성경이 이렇게 번역했으며, NRSV도 'started persecuting'이라고 번역했다. 개역개정은 '박해하게 된지라'라고 번역했다.

16. 상당수의 사본들(P[66] A D L Δ Θ Ψ 0233 등)에는 Ἰησοῦς가 있으나, 일부 고대 사본(P[75] ℵ B W 0141 892 등)에는 Ἰησοῦς가 없다. 이 단어가 원문에 있었는지 없었는지 판단하기가 어려워서 UBS 위원회는 꺾쇠괄호에 넣었다(Metzger, 1994: 179~80).

17. ἕως ἄρτι(헤오스 아르티)는 '지금까지(up to now)'라는 뜻이다. 개역개정은 '이제까지'라고 번역했는데, 어감상 '지금까지'라고 번역하는 것이 자연스럽다.

18. ἐργάζεται(에르가제타이)는 현재 중간태 직설법 3인칭 단수 동사이다. 따라서 중간태의 어감을 살려서 '일하고 계신다'로 번역하는 것이 좋다. 천주교 성경이 이렇게 번역했다. ESV, NASB, NRSV도 'is working'으로 번역했으며, NIV는 조금 의역하여 'is always at his work'라고 번역했다. 하지만 개역개정은 '일하시니'라고 번역했다.

19. ἐργάζομαι(에르가조마이)는 ἐργάζεται(에르가제타이)와 같이 중간태 동사이므로 어감을 살려서 '일하고 있다'로 번역한다.

19 그러므로 예수님께서 그들에게 말씀하셨다. "진실로 진실로 내가 너희에게 말한다. 아들은 아버지께서 하시는 일을 보지 않고서 아무것도 스스로 할 수 없으니, 이는 그분이 행하시는 그것을 아들도 그대로 행하기 때문이다.[20]

20 아버지는 아들을 사랑하셔서 자신이 행하시는 것을 다 아들에게 보여주신다. 그리고 이보다 더 큰 일들을 그분(아버지)은 그(아들)에게 보이셔서, 너희를 놀라게 하실 것이다.[21]

21 아버지께서 죽은 자들을 일으켜 살리신 것처럼, 아들도 자기가 원하는 자들을 살린다.

22 더욱이,[22] 아버지께서는 아무도 심판하지 않으시고, 모든 심판을 아들에게 맡기셨다.

23 이는 모든 사람이 아버지를 공경하는 것같이 아들을 공경하게 하시려는 것이다. 아들을 공경하지 않는 자는 그분을 보내신 아버지도 공경하지 않는다.

24 진실로 진실로 내가 너희에게 말한다. 내 말을 듣고 나를 보내신 분

---

20. 헬라어 원문에는 이유를 나타내는 접속사 γὰρ(가르)가 있으므로 이 구문을 위와 같이 번역해야 한다.

21. ὑμεῖς(휘메이스, '너희')는 θαυμάζητε(싸우마제테, '놀라다')의 주어이자 강조형이다. 그런데 θαυμάζητε(싸우마제테)가 현재 능동태 가정법으로 ἵνα(히나)와 결합하여 목적(결과)을 나타냄으로 우리말 어법상 이를 미래형으로 표현할 수 있다.

22. '더욱이'는 γὰρ(가르)를 번역한 것이다(참고. Harris, 2015: 113; NIV). 이 문장에는 두 개의 부정어가 나와서 강조한다. 즉 οὐδὲ(우데)는 ἀλλὰ(알라)와 더불어 'not this…… but that'이라는 형태를 만든다(Novakovic, 2020a: 163).

을 믿는 자는 영생을 얻고,[23] 심판에 이르지 않으며, 사망에서 생명
으로 이미 옮겨졌다.[24]
25 진실로 진실로 내가 너희에게 말한다. 죽은 자들이 하나님의 아들
의 음성을 들을 때가 오는데, 바로 지금이다. 듣는 자들은[25] 살아날
것이다.
26 이는 아버지께서 자기 안에 생명을 가지고 계시는 것같이, 아들에게
도 생명을 주셔서 그의 안에 가지고 있게 해 주셨기 때문이다.[26]
27 또한, 그분(아버지)은 그(아들)에게 심판하는 권한을 주셨는데, 이는
그가 인자이시기 때문이다.
28 이 말에[27] 놀라지 말라. 무덤 속에 있는 자들이 다 그분의 음성을 들
을 때가 오는데,
29 선을 행한 자들은 생명의 부활로, 그러나 악을 행한 자들은 심판의

---

23. ἔχει(에케이)는 현재 능동태 직설법 동사이니, '얻고'라고 번역해야 한다. 개역개정은 이를 '얻었고'로 번역했다.

24. μεταβέβηκεν(메타베베켄)은 완료 능동태 직설법 3인칭 단수이다. 이런 완료형 동사는 '어떤 상태에서 다른 상태로 전환된(옮긴) 것'을 의미한다(참고. Novakovic, 2020a: 165~66). 따라서 이 단어의 어감을 살려서 '이미 옮겼다'라고 번역한다.

25. οἱ ἀκούσαντες(호이 아쿠산테스)는 복수형으로 '듣는 자들'이다. 개역개정은 단수형으로 번역했다.

26. 이 구절은 문두의 γὰρ(가르)가 이끄는 것이기에 '이는 …… 때문이다'로 번역해야 한다. 바른성경은 이렇게 번역했으나, 개역개정은 그렇지 않았다.

27. '이 말'은 τοῦτο(투토)를 번역한 것이다. 이것은 5:25~27에 있는 말씀이거나, 이 구절의 ὅτι(호티) 이하에 나오는 말씀이다(참고. Novakovic, 2020a: 168).

부활로 나아올 것이다.

30 나는 아무것도 스스로 할 수 없다. 나는 듣는 대로 심판한다. 나의 심
판은 의로운데, 이는 내가 나의 뜻대로 하려 하지 않고, 나를 보내신
분의 뜻대로 하려 하기 때문이다."

31 "만일 내가 나를 위하여 증언하면 내 증언이 참되지 않으나,

32 나를 위하여 증언하시는 분이 따로 계시니, 그분이 나를 위하여 증언
하시는 그 증언이 참되다는 것을 나는 안다.

33 너희는 요한에게 사람을 보냈으며, 그는 진리에 대하여 증언하였다.

34 그러나 나는 사람에게서 증언을 취하지 않는다. 다만 내가 이 말을
하는 것은 너희가 구원을 받게 하려 함이다.

35 그(요한)는 타오르면서[28] 빛을 내는[29] 등불이었다. 그리고 너희는 한
때[30] 그의[31] 빛 안에서 즐거워하기를 원했다.

---

28. 현재 중간태 분사 *καιόμενος*(카이오메노스)는 '타오르는(burning)'이라는 뜻이다. 개역개정은 '켜는'이라고 번역했는데, 이는 의미가 모호함으로 '타오르면서'라고 번역한다.

29. *φαίνων*(파이논)은 현재 능동태 분사이다. 따라서 개역개정의 '비추이는'처럼 수동태로 번역하는 것은 옳지 않다.

30. 전치사구 *πρὸς ὥραν*(프로스 호란)은 '잠시 동안(for a while)'이라는 뜻이다(Zerwick, 1996: 301). 그런데 우리말 어법상 '한때'라고 번역하는 것이 자연스럽다. 개역개정과 천주교 성경도 이렇게 번역했다.

31. 개역개정은 속격 *αὐτοῦ*(아우투)를 '그'라고 번역했다. 그러나 위와 같이 '그의'라고 번역해야 한다. Novakovic에 따르면, 이것은 '그가 비춘 빛('the light that he shed')'이라는 뜻이다(Novakovic, 2020a: 173).

36 그러나[32] 내가 가지고 있는 증언은[33] 요한의 것보다 더 크다. 아버지
께서 나에게 주셔서 완수하게 하신 일들,[34] 곧 내가 하는 이 일들이
아버지께서 나를 보내셨다는 것을 나를 위하여 증언한다.
37 그리고 나를 보내신 아버지께서 친히 나를 위하여 증언하셨다. 너
희는 그분의 음성을 결코[35] 듣지 못했고, 그분의 모습을 보지도 못
했으며,
38 그분의[36] 말씀이 너희 안에 머물러 있지 않으니, 이는 그분이 보내신
이를 너희가 믿지 않기 때문이다.

---

32. '그러나'는 δὲ(데)를 번역한 것이다. 개역개정은 이를 번역하지 않았으나, 천주교 성경은 번역했다.
33. 개역개정은 대격 여성 명사 τὴν μαρτυρίαν(텐 마르튀리안)을 '증거'라고 번역했으나, '증언(witness)'이라고 번역하는 것이 옳다(Zerwick, 1996: 301). 바른성경과 천주교 성경도 '증언'이라고 번역했다.
34. 개역개정은 복수형 τὰ ἔργα(타 에르가, 'the works')를 단수형 '그 역사'로 번역했다.
35. 여기서 부사 πώποτε(포포테)는 '결코(never)'라는 뜻이다(참고. Zerwick, 1996: 301). 개역개정은 '아무 때에도'라고 번역했고, 바른성경은 '도무지'라고 번역했다. NASB는 'at any time'이라고 번역했으며, ESV와 NRSV는 'never'로 번역했다.
36. τὸν λόγον αὐτοῦ(톤 로곤 아우투)를 개역개정은 '그 말씀이'라고 번역했는데, 이는 '그(분)의 말씀이'라고 번역해야 한다.
37. 헬라어 원문에서 대격 τὰς γραφάς(타스 그라파스)는 복수형이다. 이는 성경(구약) 전체를 의미하기 때문이다. 이 구절에서 성경을 가리키는 단어들은 모두 복수형이지만 혼란을 방지하기 위하여 단수로 번역한다. 대부분 영어 성경은 복수형으로 번역했으나, 한글 성경들은 단수형으로 번역했다.

39 너희는 성경을[37] 자세히 연구하는데,[38] 이는 너희가 그것에서 영생
을 얻는다고 생각하기 때문이다. 그런데[39] 그것이 바로 나에 대하여
증언한다.[40]
40 그러나 너희는 생명을[41] 얻기 위하여 나에게 오려고 하지 않는다.
41 나는 사람들에게서[42] 영광을 취하지 않는다.
42 그러나 나는 너희 안에 하나님을 사랑하는 것이[43] 없음을 알았다.
43 나는 내 아버지의 이름으로 왔으나, 너희가 나를 영접하지 않았다.

---

38. ἐραυνᾶτε(에라우나테)는 현재 능동태 직설법 2인칭 복수이거나 현재 능동태 명령법 2인칭 복수이다. 문맥을 고려할 때 직설법으로 보인다. 이 단어는 '어떤 것을 자세히 살피고 조사하는 것'을 의미한다(BDAG, 389). 개역개정은 '연구하거니와'로 번역했으나, 이 책에서는 단어의 의미를 고려하여 '자세히 연구하는데'로 번역한다. 바른성경은 '자세히 살피니'라고 번역했다.
39. '그런데'는 καὶ(카이)를 번역한 것이다. 이 단어는 앞 절과 이어지는 절을 이어주는 역할을 한다. Zerwick은 이 단어를 'and yet'으로 번역했다(Zerwick, 1996: 301). 이 책에서는 문장의 의미를 고려하여 '그런데'로 번역한다.
40. 헬라어 원문에서 이 절은 ἐκεῖναί(에케이나이)가 이끄는데, 이를 영어로 옮기면 NASB와 같이 'it is these that……'이 된다.
41. 헬라어 원문에는 대격 ζωὴν(조엔, '생명')이라고 되어 있다. 하지만 개역개정은 문맥을 고려하여 '영생'이라고 번역했다. 여기서 생명과 영생은 동의어이다.
42. 속격 ἀνθρώπων(안쓰로폰, '사람들')은 복수이지만, 개역개정은 단수로 번역했다.
43. τὴν ἀγάπην τοῦ θεου(텐 아가펜 투 쎄우)에서 τοῦ θεου는 τὴν ἀγάπην의 주격 속격(subjective genitive)이다(참고. Wallace, 1996: 118~19). Zerwick은 이것을 'the love which has God for'라고 했고(Zerwick, 1996: 301), Novakovic은 'love for God'이라고 했다(Novakovic, 2020a: 177).

만일 다른 사람이 자기 이름으로 오면 너희가 그를[44] 영접할 것이다.
44 너희가 서로에게서[45] 영광을 취하고 유일하신 하나님께로부터 오는 영광은 구하지 않으니 어떻게 [나를] 믿을 수 있겠느냐?[46]
45 내가 너희를 아버지께 고발할 것이라고 생각하지 말라. 너희를 고발하는 이가 있으니 곧 너희가 소망을 둔 자[47] 모세이다.
46 너희가 모세를 믿었더라면 나를 믿었을 것이니, 이는 그가 나에 대하여 기록했기 때문이다.
47 그러나 너희가 그의 글을 믿지 않는다면, 어떻게 나의 말을 믿겠느냐?"

---

44. 개역개정에는 '그를'이 번역되어 있지 않은데, 헬라어 원문에 지시 대명사 ἐκεῖνον(에케이논, 'that')이 있고, 이 단어가 ἄλλος(알로스, '다른 사람')를 가리킴으로 '그를'을 넣는 것이 합당하다. 대부분의 영어 성경에는 'him'이 번역되어 있다.

45. παρὰ ἀλλήλων(파라 알렐론)은 'from one another'라는 뜻이다(Zerwick, 1996: 301).

46. 개역개정에는 이 구절에 '나를'을 넣어서 '어찌 나를 믿을 수 있느냐'라고 되어 있다. 그러나 헬라어 원문에는 '나를'이라는 단어가 없다.

47. 전치사구 εἰς ὃν(에이스 혼)은 '행동의 목표' 혹은 '누군가를 향한 감정' 등을 의미한다(Novakovic, 2020a: 179). 따라서 이를 반영하여 위와 같이 번역한다(참고. Wallace, 1996: 214~15).

요한복음 6장

1 그 후에 예수님께서 갈릴래아 바다, 곧 티베리아스 바다[1] 건너편으로
가셨다.
2 큰 무리가 그분을 따랐는데, 이는 그들이 그분께서 병자들에게 행하
신 그 표적들을[2] 보았기 때문이다.[3]
3 예수님께서 그 산에 오르셔서 그분의 제자들과 함께 그곳에 앉으셨다.

---

1. τῆς Τιβεριάδος(테스 티베리아도스)는 설명보족적 속격(epexegetical genitive)이다(Novakovic, 2020a: 182). 이것은 갈릴래아 바다가 티베리아스라고 불린다는 사실을 알려주는 역할을 한다. 따라서 위와 같이 번역하는 것이 타당하다. 개역개정은 '디베랴의 갈릴리 바다'라고 번역했고, 바른성경은 '갈릴리 바다, 곧 디베랴'라고 번역했다. τῆς Τιβεριάδος(테스 티베리아도스)에는 '바다'라는 단어가 직접 붙어 있지 않으나, 이 단어가 속격으로서 τῆς θαλάσσης(테스 쌀라쎄스)에 연결되므로 '티베리아스 바다'라고 해도 무방하다. ESV는 'the Sea of Galilee, which is the Sea of Teberias'라고 번역했다. 바른성경도 '갈릴리 바다, 곧 디베랴 바다'라고 번역했다.
2. 대격 명사 τὰ σημεῖα(타 세메이아)는 복수형이므로 '표적들'이라고 번역해야 한다. 하지만 개역개정은 단수형으로 번역했다. 여기에 정관사가 붙어 있으므로 이 표적이 일반적인 것이 아니라 예수님이 행하신 '바로 그 특별한 표적'을 가리킴을 알 수 있다.
3. 이 구절의 동사 세 개(ἠκολούθει, ἐθεώρουν, ἐποίει)는 모두 미완료형이다. 우리말로는 문맥을 고려하여 과거형으로 번역했다.

4 마침 유대인들의 명절인[4] 유월절이 가까웠다.
5 예수님께서 눈을 들어 큰 무리가 자신에게로 오는 것을 보시고, 빌
립에게 "우리가 어디서 빵을[5] 사서 이들을 먹이겠느냐?"라고 말씀하
셨다.
6 그분이 이렇게 말씀하신 것은 그를 시험하시기 위해서였다. 그분은
자신이 무엇을 행하실지를 아셨다.
7 빌립이 그분께 대답했다. "각 사람이 조금씩이라도 받게 하려면, 그들
에게 이백 데나리온어치의 빵도[6] 충분하지 않겠습니다."
8 그분의 제자 중 하나인 시몬 베드로의 형제 안드레가 그분께 말했다.
9 "여기에 한 아이가 있어, 보리 빵 다섯 개와 물고기 두 마리를 가지
고 있습니다. 그러나 이것들이[7] 이렇게 많은 사람에게 무슨 소용이[8]

---

4. τῶν Ἰουδαίων(톤 이우다이온, '유대인들의')은 주격 속격(subjective genitive)으로서 ἡ ἑορτὴ(헤 헤오르테, '명절')를 꾸며준다. 따라서 이 단어는 '유대인들이 지키는 명절('the festival that the Jews celebrate')'을 의미한다(Novakovic, 2020a: 183). 그런데 여기에 정관사가 붙어서 명절의 특별한 의미(유월절)를 부각한다.
5. 개역개정에서 '떡'이라고 번역된 ἄρτος(아르토스)를 이 책에서는 '빵'이라고 번역한다.
6. διακοσίων δηναρίων ἄρτοι(디아코시온 데나리온 아르토이)를 Wallace는 'bread worth two hundred denarii'라고 설명한다(Wallace, 1996: 122).
7. ταῦτα(타우타)는 복수형이다. 개역개정은 단수형으로 번역했다. ταῦτα(타우타)는 πέντε ἄρτους κριθίνους καὶ δύο ὀψάρια(펜테 아르투스 크리씨누스 카이 뒤오 옵사리아, '보리 빵 다섯 개와 물고기 두 마리')를 가리킨다.
8. 헬라어 본문에는 τί(티, '무엇이')가 있으나, 이를 의역하면 '무슨 소용이'가 된다. 바른성경과 천주교 성경이 이렇게 번역했다.

있겠습니까?"
10 예수님께서 "이 사람들을 앉게 하라."라고[9] 말씀하셨다. 그곳에 잔디
가 많았다. 그래서 사람들이 앉았는데, 수가 약 오천 명이었다.
11 예수님께서 빵을 가지고 감사하셨고,[10] 앉아 있는 자들에게[11] 나누어
주셨으며, 그와 같이 물고기도 그들이 원하는 만큼 (주셨다).[12]
12 그들이 배부른 후에 그분은 그분의 제자들에게 "남은 조각들을 모아
서[13] 버리는 것이 없게 하라."라고 말씀하셨다.
13 이에 그들이 모았는데, 보리 빵 다섯 개로 먹고 남은 조각들을 열두
바구니에 채웠다.[14]

---

9. 아오리스트 부정사 *ἀναπεσεῖν*(아나페세인)은 '기대어 앉는 것(to recline)'을 의미한다. 이것은 음식을 먹기 위해 자리를 잡는 것(take one's place for a meal)을 가리킨다(Zerwick, 1996: 303).
10. 아오리스트 능동태 분사 *εὐχαριστήσας*(유카리스테사스)를 개역개정은 '축사하신'이라고 번역했다. 그러나 이 단어의 의미는 '감사드림('give thanks')'이다(참고. Zerwick, 1996: 303). 바른성경은 '감사기도를 드리신'이라고 번역했고, 천주교 성경은 '감사를 드리신'이라고 번역했다.
11. 6:10에서처럼 여기서도 *τοῖς ἀνακειμένοις*(토이스 아나케이메노이스)는 '(음식을 먹기 위하여) 기대어 앉아 있는 이들에게'라는 뜻이다.
12. 헬라어 원문에는 문장의 마지막에 '주셨다'가 없다.
13. 남은 조각을 모으는 행동은 버리는 것이 없게 하기 위한 것이다. 이는 절(clause)을 이끄는 접속사 *ἵνα*(히나)를 통해서 알 수 있다. 따라서 개역개정처럼 '남은 조각을 모으고(혹은 거두고) 버리는 것이 없게 하라'보다는 '남은 조각을 모아서(=모음으로써) 버리는 것이 없게 하라'라고 번역해야 한다.
14. Wallace는 *ἐγέμισαν δώδεκα κοφίνους κλασμάτων*(에게미산 도데카 코피누스 클라스마톤)을 'they filled twelve baskets with fragments'로 이해한다

14 그 사람들은 그분이 행하신 표적을 보고 "이분은 참으로 세상에 오
실 그 선지자이시다."라고 말했다.
15 그러므로 예수님께서는 그들이 와서 자신을 억지로 데려다가 왕으
로 삼으려는 것을 아시고 다시 혼자서 산으로 물러가셨다.
16 이제[15] 날이 저물자 그분의 제자들은 바다로 내려갔다.
17 그들은 배를 타고 바다를 건너 카페르나움으로 가고 있었다. 이미 어
두웠고 예수님께서는 아직 그들에게 오시지 않았다.
18 그런데 큰 바람이 불어서 바다가[16] 심하게 요동쳤다.[17]
19 그들은 노를 저어 약 이십오 혹은 삼십 스타디온을[18] 가다가 예수님

(Wallace, 1996: 93).

15. '이제'는 δὲ(데)를 번역한 것이다(참고. NASB). 이러한 접속사는 내러티브의 전개(변화)를 표시한다(Novakovic, 2020a: 191).

16. 헬라어 원문에는 ἥ …… θάλασσα(헤 …… 쌀라싸, '바다')가 있다. 이를 반영하여 이 구절을 직역하면 위와 같다. 그러나 개역개정은 의역을 해서 '큰 바람이 불어 파도가 일어나더라'라고 번역했다.

17. Zerwick은 διεγείρετο(디에게이레토)를 'grew rough'라고 설명한다(Zerwick, 1996: 303). 여기서 이 단어는 조용하던 바다에 갑자기 폭풍이 몰아치거나 심하게 흔들리는 것을 은유적으로 묘사한다. 미완료 수동태 직설법 3인칭 단수 διεγείρετο(디에게이레토)는 바다가 요동을 심하게 치고 있는 상황을 묘사하기에 적절하다.

18. 헬라어 원문에는 σταδίους εἴκοσι πέντε ἢ τριάκοντα(스타디우스 에이코시 펜테 에 트리아콘타)라고 되어 있는데, 이를 직역하면 '이십오 혹은 삼십 스타디온'이다. 개역개정은 이것을 '십여리'라고 번역했고, 바른성경은 '십오리'라고 번역했다. 천주교 성경은 직역하여 '스물다섯이나 서른 스타디온'이라고 번역했다. 영어 성경들은 'three or four miles'로 번역했다. 이 책에서는 직역하여 위

께서 바다 위로 걸어서 배에 가까이 오시는 것을 보고 두려워했다.
20 그러나[19] 그분이 그들에게 말씀하셨다. "나다.[20] 두려워하지 말라."
21 이에 그들이 기뻐서[21] 그분을 배에 모시니, 배가 즉시[22] 그들이 가려
던 땅에 이르렀다.
22 이튿날 바다 건너편에 남아 있던[23] 무리는 그곳에 작은 배[24] 한 척만

와 같이 번역한다. 1스타디온은 약 190m이다. 따라서 '이십오 혹은 삼십 스타디온'은 약 5~6km이다. 갈릴래아 바다의 가장 넓은 곳의 너비가 약 12km이고, 길이가 약 20km인 것을 고려할 때 제자들은 지금 바다 한가운데에 있다고 할 수 있다(황원하, 2017: 168).

19. '그러나'는 δὲ(데)를 번역한 것이다. 개역개정은 이를 번역하지 않았다.

20. '나다'는 요한복음에 자주 나오는 신적 계시 어구인 ἐγώ εἰμι(에고 이에미)를 번역한 것이다(참고. 4:26; 8:24, 28, 58; 13:19 등). 이것은 구약성경(LXX)에서 하나님이 자신을 여호와로 나타내실 때 사용하신 것이다(참고. 출3:14; 사41:4 등).

21. ἤθελον(에쎌론)은 'to will' 혹은 'wish'라는 뜻이다. 이것은 미완료형으로서 제자들의 기쁜 심정을 보여준다. 그래서 개역개정은 '기뻐서'라고 번역했다. 여기서도 이 번역을 따른다.

22. εὐθέως(유쎄오스)는 '즉시(immediately)'라는 뜻이다. 개역개정과 바른성경은 '곧'이라고 번역했고, 천주교 성경은 '어느새'라고 번역했다. Louw and Nida는 이것을 배가 매우 빠른 속도로 움직인 또 다른 이적이라고 주장한다(Louw and Nida, 1988: 187을 보라).

23. 완료 능동태 분사 ὁ ἑστηκὼς(호 에스테코스)는 '서 있던(standing)'이라는 뜻으로 바다 건너편에 있는 '무리(ὁ ὄχλος)'를 수식하는데, 이들은 '바다 건너편에 남아 있던 무리'이다. 따라서 천주교 성경은 이 분사의 의미를 살려서 '남아 있던'이라고 번역했고, ESV도 'remained'라고 번역했다.

24. 개역개정에는 '배'라고 되어 있으나, πλοιάριον(플로이아리온)은 원래 '작은

있는 것과, 또[25] 예수님께서 그분의 제자들과 함께 그 배에[26] 오르지 않으시고 그분의 제자들만 떠난 것을 보았다.

23 그러나 티베리아스에서 다른 작은 배들이[27] 주님이 감사하신 후 사람들이 빵을 먹었던 그곳으로 가까이 와 닿았다.[28]

24 무리는 그곳에 예수님이 안 계시고 그분의 제자들도 없는 것을 보고 그 작은 배들을[29] 타고 예수님을 찾으러 카페르나움으로 갔다.

25 그들은 바다 건너편에서 그분을 만나 그분께 말했다. "랍비님, 언제 여기에 오셨습니까?"

26 예수님께서 그들에게 대답하셨다. "진실로 진실로 내가 너희에게 말한다. 너희가 나를 찾는 것은 표적들을 보았기 때문이 아니라 빵을 먹고 배불렀기 때문이다.

27 너희는 썩는 양식을 위해서 일하지 말고 영생에 이르게 하는 양식을[30]

배(small boat)'를 가리킨다. 6:21의 '배'는 πλοῖον(플로이온)으로 일반적인 '배(boat)'를 뜻한다.

25. 개역개정에는 이 구절에 '어제'라는 단어가 있으나, 헬라어 원문에는 그 단어가 없다.
26. 이 '배'는 6:21의 πλοῖον(플로이온), 즉 일반적인 배를 가리킨다.
27. 6:22에 있는 것처럼, 여기에 나오는 배는 πλοιάριον(플로이아리온), 즉 '작은 배'이다.
28. 배가 온 것이므로 천주교 성경처럼 '와 닿았다'로 번역한다.
29. 이 배들은 6:23에 나온 πλοιάριον(플로이아리온), 즉 '작은 배'이다.
30. τὴν βρῶσιν τὴν μένουσαν εἰς ζωὴν αἰώνιον(텐 브로신 텐 메누산 에이스 조엔 아이오니온)을 ESV와 NRSV는 'for the food that endures to eternal life' 라고 번역했다.

위하여 일하라. 인자가 이것을 너희에게 줄 것이다. 왜냐하면, 그에
게[31] 아버지 하나님이 인을 치셨기 때문이다."[32]
28 그들이 그분에게 물었다. "하나님의 일들을 하려면 우리가 무엇을
해야 합니까?"
29 예수님께서 그들에게 대답하셨다. "이것이 하나님의 일이니, 곧 그
분이 보내신 이를 믿는 것이다."
30 그들이 그분께 물었다.[33] "그러면 당신은 무슨 표적을 행하셔서,[34] 우
리가 보고 당신을 믿을 수 있게 하시겠습니까? 당신은 무슨 일을 행
하시겠습니까?[35]
31 '그분께서 하늘로부터 그들에게 빵을 주어 먹게 하셨다.'라고 기록되
었듯이 우리 조상들은 광야에서 만나를 먹었습니다."
32 예수님께서 그들에게 말씀하셨다. "진실로 진실로 내가 너희에게 말
한다. 모세가 너희에게 하늘로부터 빵을 준 것이 아니다. 내 아버지

---

31. 헬라어 원문에는 τοῦτον(투톤)이라고 되어 있는데, 이 단어는 ἐσφράγισεν(에스프라기센, '인쳤다')의 직접 목적어로서 '인자(ὁ υἱὸς τοῦ ἀνθρώπου[호 휘오스 투 안쓰로푸])'를 가리킨다.

32. 이 문장은 이유를 나타내는 접속사 γὰρ(가르)가 이끌고 있다.

33. 아오리스트 능동태 직설법 3인칭 복수 εἶπον(에이폰, '말했다')은 이어지는 내용이 질문이므로 '물었다'로 번역한다.

34. 현재 능동태 동사 ποιεῖς(포이에이스, '행하다')는 미래적 의미를 가진다. 이는 예수님과 대화하고 있는 자들이 그분이 지금까지 행한 표적을 인정하고 있지 않기 때문이다(Novakovic, 2020a: 201).

35. 현재 중간태 동사 ἐργάζῃ(에르가제, '일한다')는 ποιεῖς(포이에이스)와 같이 미래적 의미를 가진다.

께서 너희에게 하늘로부터 참된 빵을[36] 주신다.[37]
33 하나님의 빵은 하늘에서 내려와 세상에 생명을 주는 것이다."[38]
34 그들이 그분께 말했다. "주님, 이 빵을 항상 저희에게 주십시오."
35 예수님께서 그들에게 말씀하셨다. "나는 생명의 빵이다. 내게 오는
자는 결코 배고프지 않을 것이며, 나를 믿는 자는 결코[39] 목마르지
않을 것이다.
36 그러나 내가 너희에게 말했듯이, 너희는 나를[40] 보고도 믿지 않는다.

---

36. τὸν ἄρτον …… τὸν ἀληθινόν(톤 아르톤 …… 톤 알레씨논)은 'the true bread'라는 뜻이다.
37. 박영진은 이 구절을 다음과 같이 번역한다. '내가 진실로 진실로 너희에게 이르노니, 모세가 너희에게 주었던 그 하늘의 떡이 아니라, 내 아버지께서 지금 너희에게 주시는 그 하늘의 떡, 곧 참된 떡을 표적으로 주겠다.' 이에 대한 상세한 논의를 위하여, 박영진, 2011: 109~27을 보라.
38. 이 문장에서 하나의 관사 ὁ(호)가 두 개의 분사 καταβαίνων(카타바이논, '내려와')과 διδοὺς(디두스, '주는')를 주관한다. 따라서 '……에서 내려와 ……을 주는 것'이라고 번역해야 한다.
39. '결코'는 이중 부정어 οὐ μὴ(우 메)를 번역한 것이다. 개역개정은 이 구절의 앞에서 οὐ μὴ(우 메)를 '결코'로 번역하고, 뒤에서 같은 단어를 '영원히'로 번역했다. 두 군데 다 '결코'로 번역해야 한다. οὐ μὴ와 미래 직설법 동사가 결합하면 강력한 부정을 만든다(Wallace, 1996: 468).
40. με(메, '나를')는 $P^{66,75vid}$ B D L W Δ Θ Ψ 0141 등에는 있으나, ℵ A $it^{a,b,e,q}$ vg^{mss} $syr^{c,s}$ 등에는 없다. 만일 이 단어가 없다면, 예수님은 백성들이 표적을 보고도 믿지 않는 것을 말씀하신 것이 된다. 하지만 UBS 위원회는 이 단어를 지지하는 외적증거의 연대와 다양성에 근거하여 이 단어를 포함시키되 꺽쇠괄호에 넣었다(Metzger, 1994: 182). 여기서는 이 단어를 넣어서 번역한다.

37 아버지께서 내게 주시는 자는 다 내게로 올 것이고, 내게 오는 자는
내가 결코 쫓아내지 않을 것이다.
38 내가 하늘에서 내려온 것은 내 뜻이 아니라 나를 보내신 분의 뜻을
행하기 위해서이다.[41]
39 나를 보내신 분의 뜻은 이것이니, 그분이 내게 주신 모든 사람을 하
나도 잃어버리지 않고 마지막 날에 다시 살리는 것이다.
40 내 아버지의 뜻은 과연[42] 이것이니, 아들을 보고 믿는 자마다 영생을
얻는 것이다. 마지막 날에 내가 그를 다시 살릴 것이다."
41 그러므로 유대인들은 그분이 "내가 곧 하늘에서 내려온 빵이다."라
고 말씀하셨기 때문에 그분에 대해서 수군거렸다.
42 그들은 "이는 요셉의 아들 예수가 아닌가? 우리가 그의 아버지와 어
머니를 알고 있지 않은가? 어떻게 지금 '나는 하늘에서 내려왔다.'라
고 말하는가?"라고 말했다.
43 예수님께서 그들에게 대답하셨다. "너희는 서로 수군거리지 말라.
44 나를 보내신 아버지께서 이끌어 주지 않으시면 아무도 내게 올 수 없
다. 내게 오는[43] 그를 마지막 날에 내가 다시 살릴 것이다.

---

41. 이 구절은 문두의 ὅτι(호티)가 이끄는 '이유'를 나타내는 절(causal clause)이다.

42. 문두의 γάρ(가르)는 6:39를 반복하는 역할을 한다(Novakovic, 2020a: 209). 따라서 이 단어의 의미를 살려서 바른성경처럼 '과연'으로 번역한다. 천주교 성경은 '또'라고 번역했다. 그리고 NRSV는 'indeed'로 번역했다.

43. 헬라어 원문에는 단수 대격 αὐτὸν(아우톤)이라고 되어 있으나, αὐτὸν(아우톤)이 받는 것은 '아버지께서 이끌어 주시는(ἑλκύσῃ[헬퀴세]) 자'이다. 개역개정은 이를 '오는'이라고 번역했다.

45 선지자들의 글에 '그들이 다 하나님께 가르치심을[44] 받으리라.'라고
기록되었으니, 아버지께 듣고 배운 사람마다 나에게 온다.
46 이는 아버지를 본 자가 있다는 것이 아니다. 오직 하나님에게서 온
자만 아버지를 보았다.
47 진실로 진실로 내가 너희에게 말한다. 믿는 자는 영생을 가지고 있다.
48 나는 생명의 빵이다.[45]
49 너희 조상들은 광야에서 만나를 먹었어도 죽었다.
50 이것은 하늘에서 내려오는 빵이니, 이것을 먹는 사람은 죽지 않는
다.[46]
51 나는 하늘에서 내려온 살아 있는 빵이다. 누구든지 이 빵을 먹으면
영원히 살 것이다. 내가 세상을 살리기 위하여[47] 줄 빵은 내 살이다."

---

44. διδακτοὶ θεοῦ(디다크토이 쎄우)를 개역개정은 '하나님의 가르치심'으로 번역했다. 하지만 θεοῦ(쎄우)는 genitive of agency로서 'taught by God'이다. ESV와 NRSV와 NIV가 이렇게 번역했다. 또한, 바른성경과 천주교 성경도 '하나님께 가르침을 받을 것이다'라고 번역했다.

45. 개역개정과 바른성경은 문장 가운데에 '곧'을 넣었지만, 이 문장에서는 넣을 이유가 없다.

46. ἵνα(히나)는 목적절(purpose clause)을 이끈다. 따라서 이 구절의 의미는 '하늘에서 내려오는 빵을 먹음으로써 죽지 않게 된다'라는 것이다.

47. ὑπὲρ τῆς τοῦ κόσμου ζωῆς(휘페르 테스 투 코스무 조에스)를 직역하면 '세상의 생명을 위한(for the life of the world)'이다. 여기서 τοῦ κόσμου는 ζωῆς의 주격 속격이므로 이 문구는 '세상을 살리기 위하여'라는 뜻을 가진다(참고. Novakovic, 2020a: 217). 따라서 위와 같이 번역한다. 개역개정과 바른성경은 '세상의 생명을 위한'이라고 번역했으나, 천주교 성경은 '세상에 생명을 주는'이라고 번역했다.

52 그러므로 유대인들이 서로 다투며 말했다. "어떻게 이 사람이 자기[48]
살을 먹으라고 우리에게 줄 수 있겠는가?"
53 예수님께서 그들에게 말씀하셨다. "진실로 진실로 내가 너희에게 말
한다. 너희가 인자의 살을 먹지 않고 그의[49] 피를 마시지 않으면 너
희 안에 생명이 없다.
54 내 살을 먹고 내 피를 마시는 자는 영생을 가졌다. 마지막 날에 내가
그를 살릴 것이다.
55 이는 내 살이 참된 양식이며 내 피가 참된 음료이기 때문이다.[50]
56 내 살을 먹고 내 피를 마시는 자는 내 안에 머물고 나도 그의 안에
머문다.
57 살아계신 아버지께서 나를 보내셨고[51] 내가 아버지로 말미암아 사는
것같이, 나를 먹는 자도 나로 말미암아 살 것이다.
58 이것은 하늘에서 내려온 빵이니, 조상들이 먹고도 죽은 그것과 같지
않다. 이 빵을 먹는 자는 영원히 살 것이다."
59 이 말씀은 그분이 카페르나움 회당에서 가르치실 때 하신 것이다.

---

48. '자신의'에 해당하는 *αὐτοῦ*(아우투)를 포함하는 외적증거와 그렇지 않은 외적 증거가 균등하므로 UBS 위원회는 이 단어를 꺾쇠괄호에 넣었다.

49. 개역개정에는 '인자의'라고 번역되어 있지만, 헬라어 원문에는 *αὐτοῦ*(아우투)라고 되어 있다. *αὐτοῦ*(아우투)는 '인자의 소유'를 가리킨다.

50. 문두의 *γὰρ*(가르)는 이 구절이 앞 구절의 이유를 설명하는 것임을 보여준다.

51. *ἀπέστειλέν*(아페스테일렌)은 아오리스트 능동태 직설법 3인칭 단수이다. 따라서 '보내셨다'로 번역해야 한다. 개역개정은 '보내시매'라는 현재형으로 번역했다.

60 그러자[52] 그분의 제자 중 여럿이 듣고 말했다. “이것은 어려운[53] 말씀
이다. 누가 그것을 이해할 수 있겠는가?”[54]
61 예수님께서 그분의 제자들이 이것에 대해서 수군거리는 것을 속으
로[55] 아시고 그들에게 말씀하셨다. “이것이 너희를 걸려 넘어지게 하
느냐?
62 그러면 인자가 이전에 있던 곳으로 올라가는 것을 너희가 본다면 어
떻게 하겠느냐?
63 살리는 것은 영이고, 육은[56] 무익하다. 내가 너희에게 한 그 말들은[57]

---

52. ‘그러자’는 οὖν(운)을 번역한 것이다. 개역개정은 이를 번역하지 않았다.

53. ‘어려운’으로 번역한 σκληρός(스클레로스)는 이 문맥에서 ‘hard to take’ 혹은 ‘unacceptable’이라는 뜻이다(Zerwick, 1996: 306). Novakovic은 이 단어를 ‘to cause someone to no longer believe’라고 해설했다(Novakovic, 2020a: 224). 천주교 성경은 ‘듣기가 거북한’으로 번역했다. 요한복음에서 이 단어가 다시 나오는 곳은 16:1이다.

54. τίς δύναται αὐτοῦ ἀκούειν(티스 뒤나타이 아우투 아쿠에인)을 직역하면 ‘누가 그것을 들을 수 있겠는가?’이다. 하지만 문맥을 고려하여 위와 같이 번역한다. NIV도 ‘who can accept it?’으로 번역했다. 바른성경은 ‘누가 그분의 말씀을 알아들을 수 있겠는가?’라고 번역했다.

55. ‘속으로’는 ἐν ἑαυτῷ(엔 헤아우토)를 번역한 것이다. Zerwick은 εἰδὼς …… ἐν ἑαυτῷ의 의미를 ‘inwardly conscious’라고 말했다(Zerwick, 1996: 306). 개역개정은 이를 ‘스스로’라고 번역했으나, 천주교 성경은 문맥을 고려하여 천주교 성경처럼 ‘속으로’라고 번역했다. ESV는 이를 ‘in himself’라고 번역했다.

56. 여기서 ἡ σὰρξ(헤 사릌스, ‘육’)는 예수님의 육신(flesh)이 아니라 일반적인 인성(human nature)이다(Novakovic, 2020a: 225).

57. τὰ ῥήματα(타 레마타)는 복수형이므로 ‘그 말들(the words)’이라고 번역해야

영이며 생명이다.
64 그러나 너희 중에 믿지 않는 자들이 있다." 이는 예수님께서 믿지 않
는 자들이 누구이며 자기를 팔아넘길 자가 누구인지 처음부터 알고
계셨기[58] 때문이다.
65 그분은 또 말씀하셨다.[59] "그러므로[60] 내가 전에 너희에게 '아버지께
서 허락하지 않으시면[61] 아무도 내게 올 수 없다.'라고 말한 것이다."
66 이때부터[62] 그분의 제자들 중에서 많은 사람이 떠나가고 더 이상[63]

한다. 개역개정은 이를 단수형으로 번역했다.

58. ᾔδει(에데이)는 οἶδα(오이다, '안다')의 완료 능동태 직설법으로 미완료처럼 이해한다(참고. Novakovic, 2020a: 227).
59. ἔλεγεν(엘레겐, '말했다')은 미완료인데, 이는 예수님의 말씀이 계속 이어지는 것을 보여준다.
60. '그러므로'는 전치사구 διὰ τοῦτο(디아 투토, 'causal')를 번역한 것인데, 이는 6:63~64a에 있는 예수님의 말씀을 가리킨다. 여기서 이 전치사구는 연결하는 역할을 한다(Novakovic, 2020a: 227).
61. ἐὰν μὴ ᾖ δεδομένον αὐτῷ(에안 메 에 데도메논 아우토)를 직역하면 NASB처럼 'unless it has been granted him'이다. 따라서 이를 우리말로 위와 같이 번역한다.
62. 전치사구 'Eκ τούτου(에크 투투)는 'because of this(참고. Wallace, 1996: 658)' 혹은 'from this time'이라는 뜻이다(Novakovic, 2020a: 228). 개역개정은 '그때부터'라고 번역했고, 바른성경은 '이러므로'라고 번역했다. 둘 다 가능하다.
63. οὐκέτι(우케티)는 '더 이상(no longer, anymore)'이라는 뜻이다. 개역개정은 '다시'라고 번역했다.

그분과 함께 다니지 않았다.[64]

67 예수님께서 열두 제자에게[65] 물으셨다. "너희도 떠나기를 원하느냐?"

68 시몬 베드로가 그분께 대답했다. "주님, 우리가 누구에게 가겠습니
까? 당신이[66] 영생의 말씀들을[67] 가지고 계십니다.[68]

69 우리는 당신이[69] 하나님의 거룩하신 분인 것을 믿어 왔고 또 그렇게
알고 있습니다."[70]

---

64. 미완료 περιεπάτουν(페리에파툰, 'to walk')은 계속적인 동작을 의미한다.
65. 여격 τοῖς δώδεκα(토이스 도데카, '열둘')는 '열두 제자'를 가리킨다. 요한복음에서 '열두 제자'라는 언급은 이곳에 처음 나온다. 이후에 열둘은 세 번 더 언급된다(6:70, 71; 20:24). τοῖς δώδεκα(토이스 도데카, '열둘')는 εἶπεν(에이펜, '말씀하셨다')의 여격이다(Novakovic, 2020a: 228).
66. 개역개정은 현재 능동태 2인칭 단수 동사 ἔχεις(에케이스, '당신이 가진다')를 번역하면서 '주'라고 번역했다. 이 책에서는 직역하여 '당신'이라고 번역한다.
67. ῥήματα(레마타)는 복수형 '말씀들(words)'이다. 개역개정은 단수형 '말씀'으로 번역했다.
68. ῥήματα ζωῆς αἰωνίου ἔχεις(레마타 조에스 아이오니우 에케이스)를 직역하면 위와 같다. 하지만 개역개정은 이 문구를 의역하여 '영생의 말씀이 주께 있사오니'라고 번역했다. ESV와 NRSV는 이를 'you have words of eternal life.'라고 번역했다. ζωῆς αἰωνίου는 ῥήματα에 대한 목적의 속격(genitive of purpose)으로 'words that lead to eternal life'이거나, 서술형 속격으로 'words characterized by eternal life'라는 뜻이다(Novakovic, 2020a: 229).
69. 2인칭 단수 대명사 σὺ(쉬)를 개역개정과 바른성경은 '주'라고 번역했다. 천주교성경은 '스승님'이라고 번역했다. 이러한 2인칭 단수 대명사는 예수님의 우월성(distinctiveness)을 강조한다(Novakovic, 2020a: 230).
70. πεπιστεύκαμεν καὶ ἐγνώκαμεν(페피스튜카멘 카이 에그노카멘, '믿어 왔고 또 그렇게 알고 있습니다')은 둘다 완료형 동사이므로 제자들의 현재 상태

70 예수님께서 그들에게 대답하셨다. "내가 너희 열둘을 택하지 않았느냐? 그러나 너희 중 하나는 마귀다."[71]

71 그분은 이스카리옷 시몬의 아들 유다를[72] 가리켜 말씀하셨다. 이는

(present state)를 묘사한다고 하겠다(참고. Novakovic, 2020a: 229~30). 따라서 개역개정과 바른성경처럼 '믿고 알았습니다'보다는, 천주교 성경처럼 위와 같이 번역하는 것이 적절하다.

71. διάβολός(디아볼로스, '마귀')의 번역 용례를 위하여, Wallace, 1996: 249를 보라(또한, Wallace, 1996: 265). Zerwick은 이 단어의 의미를 'the accuser', 'the devil'로 소개한다(Zerwick, 1996: 307). 예수님이 유다를 '마귀'라고 하신 것은 그가 마귀의 일을 하기 때문이다(권해생, 2021: 253).

72. 헬라어 원문에는 τὸν Ἰούδαν Σίμωνος Ἰσκαριώτου(톤 이우단 시모노스 이스카리오투, ESV, NASB: 'Judas *the son* of Simon Iscariot')라고 되어 있다. τὸν Ἰούδαν은 Σίμωνος Ἰσκαριώτου의 대격이다. Σίμωνος Ἰσκαριώτου는 관계의 속격으로 '시몬 이스카리옷의 [아들]'이 생략된 것이다. 요한복음 13:2, 26에서 유다는 이스카리옷 시몬의 아들이라는 사실이 다시금 언급된다(Novakovic, 2020a: 231). '이스카리옷'이란 아마도 '출신지'를 의미할 것이다(참고. BDAG, 480).

73. 헬라어 원문에서 문장의 마지막 부분에 εἷς ἐκ τῶν δώδεκα(헤이스 에크 톤 도데카, '열둘 중의 하나')가 있는데, 이는 이스카리옷 유다가 열두 제자에 속해 있는 자라는 사실을 강조한다. 따라서 의미를 살려서 천주교 성경('열두 제자 가운데 하나이면서도')과 유사하게 위와 같이 번역한다.

그가 열둘 중 하나이면서도[73] 그분을 팔려고[74] 했기 때문이다.[75]

74. παραδιδόναι(파라디도나이)의 원형 παραδίδωμι(파라디도미)는 '팔아넘긴다(hand over)' 혹은 '배신한다(betray)'라는 뜻이다(Zerwick, 1996: 306). 이 단어의 용례를 위하여, BDAG, 761~63을 보라. 또한, H. G. Liddell and R. Scott, 1980: 595를 참고하라. 요한복음에서 이 단어가 어떻게 사용되었는지를 파악하기 위하여, 권해생, 2021: 254~55를 보라.

75. 헬라어 원문의 문두에 '이유'를 나타내는 γὰρ(가르)가 있기에 이 절을 위와 같이 번역한다. 개역개정은 평서문으로 번역했다.

요한복음 7장

1 그 후에 예수님께서 갈릴래아에서 다니셨고, 유대에서 다니지 않으려
하셨으니, 이는 유대인들이 그분을 죽이려 했기 때문이다.[1]
2 유대인들의 명절인 초막절이 가까웠다.
3 그분의 형제들은 그분께 말했다. "여기를 떠나 유대로 가셔서, 당신이
행하시는 일들을 당신의 제자들도 볼 수 있게 하십시오.
4 자신이 드러나기를[2] 바라면서 숨어서[3] 무엇을 하는[4] 사람은 없습니다.
당신이 이 일들을 행하시려거든 당신 자신을 세상에 나타내십시오."
5 이는 그분의 형제들도 그분을 믿지 않았기 때문이다.
6 예수님께서 그들에게 말씀하셨다. "내 때는 아직 이르지 않았다. 그러
나 너희 때는 항상 준비되어 있다.[5]

---

1. 이 구절에 있는 동사들은 모두 미완료이므로 과거로 번역한다.
2. *ἐν παρρησίᾳ εἶναι*(엔 파레시아 에이나이)를 개역개정은 '나타나기를'로 번역했다. 하지만 우리말 어감을 고려할 때 이것을 '드러나기를'로 번역하는 것이 좋다(Novakovic, 2020a: 234). 10:24의 설명을 참고하라.
3. 전치사구 *ἐν κρυπτῷ*(엔 크륍토)를 개역개정은 '묻혀서'로 번역했다. 하지만 이것을 바른성경처럼 '숨어서'로 번역하는 것이 적절하다. 대부분의 영어 성경은 'in secret'으로 번역했다(참고, Novakovic, 2020a: 234; Zerwick, 1996: 307).
4. *τι …… ποιεῖ*(티 …… 포이에이)를 개역개정은 '일하는'으로 번역했다. 하지만 이 단어를 직역하면 '무엇을 하는'이 된다.
5. 이 문구를 천주교 성경은 '너희에게는 아무 때라도 상관없지만'으로 번역했으며,

7 세상은 너희를 미워하지 못하나,[6] 나를 미워한다. 이는 내가 세상의
일들을 악하다고 증언하기 때문이다.
8 너희는 명절에 올라가라. 내 때가 아직 차지 않았기에 나는 이번 명
절에 올라가지 않겠다."
9 그분은 이것들을 말씀하시고 갈릴래아에 머무르셨다.
10 그러나 그분의 형제들이 명절에 올라간 후에 그분도 드러내지 않고
은밀히 올라가셨다.
11 유대인들은 명절 중에 그분을 찾으면서 "그가 어디에 있느냐?"라고
말했다.
12 그분에 대하여 무리 중에서 수군거림이 많았다. 어떤 사람들은 "그는
좋은 사람이다."라고 했으나, 다른 사람들은 "아니다. 그는 무리를 미
혹하고 있다."라고 했다.
13 그러나 유대인들을 두려워하므로 그분에 대하여 드러내 놓고[7] 말하
는 사람이 없었다.
14 이미 명절의 중간이 되었을 때 예수님께서 성전에 올라가서 가르치

Zerwick은 이 문구의 의미를 'for you the time is always right.'라고 설명했다 (Zerwick, 1996: 307).

6. 이 문구에 *οὐ δύναται*(우 뒤나타이)가 있기에 '~할 수 없는'이라고 번역해야 하지만, 개역개정은 '아니하되'라고 번역했다.

7. *παρρησίᾳ*(파레시아)를 개역개정처럼 '드러나게'로 번역하기보다는 우리말 어감을 살려서 천주교 성경처럼 '드러내 놓고'로 번역하는 것이 좋다. 7:4의 설명을 참고하라.

기 시작하셨다.[8]
15 유대인들은 놀라면서 "이 사람은 배우지 않았는데 어떻게 성경을[9]
아느냐?"라고 말했다.
16 예수님께서 그들에게 대답하셨다. "내 가르침은[10] 내 것이 아니라 나
를 보내신 분의 것이다.
17 누구든지 그분의 뜻을 행하기를 원하면, 이 가르침이 하나님께로부
터 온 것인지, 내가 스스로 말하는 것인지 알 것이다.
18 스스로 말하는 자는 자신의 영광을 구하지만, 자기를[11] 보내신 분의
영광을 구하는 이는 참되며, 그 속에 불의가 없다.
19 모세가 너희에게 율법을 주지 않았느냐? 그러나 너희 중에 율법을

---

8. 이 구절의 문맥을 고려할 때 미완료 능동태 직설법 3인칭 단수 ἐδίδασκεν(에디다스켄)은 '가르치기 시작하셨다'라는 뜻이다. 그래서 많은 영어 성경은 'began to teach'로 번역했다.

9. γράμματα οἶδεν(그람마타 오이덴)은 이 문맥에서 '성경을 안다'라는 뜻이다(Zerwick, 1996: 308). 개역개정은 '어떻게 글을 아느냐'로 번역했으나, 천주교 성경은 '어떻게 성경을 잘 알까?'라고 번역했다. 이 책에서는 문구의 뜻을 살려서 위와 같이 번역한다. Novakovic에 따르면, 유대인들은 예수님이 성경을 읽을 줄 아는 것을 보고 놀란 것이 아니라 그분이 오직 랍비 학교에서 교육을 받아야만 알 수 있는 뛰어난 성경 지식을 가지고 있는 것을 보고 놀랐다(Novakovic, 2020a: 241~42). 이 구절의 한글번역에 대한 상세한 연구를 위하여, 김주한, 2014: 110~27을 보라.

10. διδαχὴ(디다케)는 개역개정처럼 '교훈'으로 번역할 것이 아니라, 문맥을 살려서 '가르침(ESV, NASB, NRSV: 'teaching')'이라고 번역해야 한다.

11. 헬라어 원문에는 '그를'에 해당하는 대격 단수 αὐτὸν(아우톤)이 있으나, 개역개정은 이를 번역하지 않았다.

지키는 자가 없구나. 너희는 어찌하여 나를 죽이려 하느냐?"
20 무리가 대답했다. "당신은 마귀가[12] 들렸소. 누가 당신을 죽이려 한
다는 말입니까?"
21 예수님께서 그들에게 대답하셨다. "내가 한 가지 일을[13] 행했는데, 너
희가 모두 이상히 여기고 있다.[14]
22 모세가 너희에게 할례를 행했으니 – 사실 그것은 모세에게서 난 것
이 아니라 조상들에게서 난 것이다 – 너희가 안식일에도 사람에게
할례를 행한다.
23 모세의 율법을 범하지 않으려고 사람이 안식일에도 할례를 받거든,
내가 안식일에 사람의 온몸을 건강하게[15] 한 것으로 너희가 나에게
화를 내느냐?
24 너희는 외모로 판단하지 말고 공의롭게 판단하라."
25 그러자 예루살렘 사람들 가운데 어떤 사람들이[16] 말했다. "이는 그들
이 죽이고자 하는 그 사람이 아니냐?

---

12. δαιμόνιον(다이모니온)을 개역개정은 '귀신'이라고 번역했다(참고. 7:20; 8:48, 49, 52; 10:20, 21). 하지만 이 단어를 '악령(바른성경)' 혹은 '마귀(천주교 성경)'라고 번역하는 것이 좋다.
13. 여기서 '한 가지 일'이란 '한 가지 기적'을 가리킨다(Louw and Nida, 1988: 232).
14. 개역개정의 '이로 말미암아'는 헬라어 원문에 없다.
15. ὑγιής(휘기에스)는 '건강하게(healthy)'라는 뜻이다(Zerwick, 1996: 308; Harris, 2015: 155). 개역개정은 이 단어를 '건전하게'로 번역했다.
16. 복수형 τινες(티네스, '어떤 사람들')를 개역개정은 단수형 '어떤 사람'이라고 번역했다.

26 보라, 그가 드러내 놓고[17] 말하지만, 그들이 그에게 아무 말도 하지
않고 있다. 당국자들은[18] 참으로 이 사람을 그리스도인 줄로 알고 있
는 것이 아닌가?
27 그러나 우리는 이 사람이 어디서 왔는지 알지만, 그리스도께서 오실
때에는 그분이 어디서 오시는지 아무도 모른다."
28 예수님께서 성전에서 가르치실 때 외치셨다.[19] "너희는 나를 알고 또
내가 어디서 온 것도 안다. 그런데 나는 스스로 온 것이 아니다. 나를
보내신 분은 참되시니, 너희는 그분을 알지 못하나,
29 나는 그분을 안다. 이는 내가 그분에게서 왔고,[20] 그분이 나를 보내
셨기 때문이다."
30 그러므로 그들이 그분을 잡고자 했으나, 아무도 그분에게 손을 대지
않았으니, 이는 그분의 때가 아직 이르지 않았기 때문이다.
31 그러나 무리 중의 많은 사람은 그분을 믿었고 "그리스도께서 오시
더라도 이분이 행하신 것보다 더 많은 표적을 행하시겠는가?"라고
말했다.

---

17. *παρρησίᾳ*(파레시아)에 대해서는 7:4의 설명을 참고하라.
18. *οἱ ἄρχοντες*(호이 아르콘테스)는 문자적으로 'rulers'를 뜻한다(Zerwick, 1996: 308). 이들의 정체가 무엇인지는 문맥에 따라 결정된다. 이 책은 개역개정을 따라 '당국자들'로 번역한다. 바른성경은 '관리들'로 번역했고, 천주교 성경은 '최고 의회 의원들'로 번역했다.
19. 이 구문을 우리말로 옮길 때 NRSV를 따르는 것이 의미를 잘 살린다. NRSV는 다음과 같이 번역한다. 'Jesus cried out as he was teaching in the temple.'
20. 전치사구 *παρ' αὐτοῦ*(파르 아우투)는 '그분에게서 왔고(from Him)'이다. 개역개정은 이를 '그에게서 났고'로 번역했다.

32 바리새인들은 무리가 예수님에 대하여 이렇게 수군거리는 것을 들
었다.[21] 그리하여 대제사장들과 바리새인들은 그분을 잡으려고 아랫
사람들을[22] 보냈다.
33 예수님께서 말씀하셨다. "나는 너희와 함께 잠깐 있다가 나를 보내
신 분에게로 돌아갈 것이다.[23]
34 너희가 나를 찾을 것이나 나를 발견하지 못할 것이며, 내가 있는 곳
에 오지도 못할 것이다."
35 이에 유대인들이 서로 말했다. "이 사람이 어디로 가려 하기에 우
리가 그를 발견하지 못할 것이라고 하는가? 그가 헬라인들 중에서
흩어져 사는 자들에게로[24] 가서 헬라인들을 가르치겠다는 것인가?

---

21. 개역개정은 '바리새인들에게 들렸다'라는 수동태로 번역했으나, 헬라어 원문은 ἤκουσαν οἱ Φαρισαῖοι(에쿠산 호이 파리사이오이), 즉 '바리새인들이 들었다'라는 능동태로 되어 있다.
22. 대격 복수형 ὑπηρέτας(휘페레타스)는 '종들' 혹은 '성전 경비병들'을 가리킨다(Beasley-Murray, 1987: 112). Zerwick은 이 문맥에서 이들을 'temple police'라고 말했다(Zerwick, 1996: 309). 바른성경은 이 단어를 '하인'으로 번역했고, 천주교 성경은 '성전 경비병'으로 번역했다. 그리고 ESV와 NASB는 'officer'로 번역했으며, NRSV는 'temple police'로 번역했다. 그러나 이들의 정체를 정확하게 파악하기가 쉽지 않다. 이 책에서는 개역개정의 번역에 따라 '아랫사람들'로 번역한다.
23. ὑπάγω(휘파고)는 현재 능동태 직설법 1인칭 단수로서 '내가 간다'이다. 그러나 이 구절에서 이 현재 동사는 예수님이 아버지에게로 가실 것을 말하고 있기 때문에 미래에 일어날 일을 기대하는 행동을 묘사하는 것이다(Novakovic, 2020a: 255). 따라서 이를 미래형으로 번역하는 것이 타당하다.
24. διασπορά(디아스포라)는 '흩어져 사는 사람(상태)'을 의미할 수도 있고(BDAG,

36 '너희가 나를 찾을 것이나 나를 발견하지 못할 것이며, 내가 있는 곳
에 오지도 못할 것이다.'라고 그가 한 이 말은 무슨 뜻인가?"
37 명절의 마지막 날, 곧 큰 날에 예수님께서 서서 외치셨다. "누구든지
목마르거든 내게로 와서 마셔라.
38 나를 믿는 자는 성경이 말한 것같이 그의 속에서[25] 생수의 강들이[26]
흘러나올 것이다."
39 이것은 그분을 믿은[27] 자들이 받을 성령에 관하여[28] 말씀하신 것이
다. 예수님께서 아직 영광을 받지 않으셨으므로 성령이 아직 계시

236.1), '흩어진 자들이 사는 장소'를 뜻할 수도 있다(Novakovic, 2020a: 256).

25. 전치사구 ἐκ τῆς κοιλίας αὐτοῦ(에크 테스 코일리아스 아우투)에서 κοιλία(코일리아)는 '배(belly)', '마음(heart)', '속(inside)' 등을 뜻한다(참고. Zerwick, 1996: 309). Novakovic은 BDAG(550~51.3)를 인용하여 이 단어를 'seat of inward life, of feelings and desire'라고 하면서 영어의 'heart'를 가리킨다고 했다(Novakovic, 2020a: 259). 개역개정은 이 어구를 '그 배에서'라고 번역했으나, 천주교 성경은 '그 속에서부터'라고 번역했다. 그리고 ESV는 'out of his heart'라고 번역했고, NASB는 'from his innermost being'으로 번역했으며, NIV는 'from within them'으로 번역했다. 이 책에서는 '그의 속에서'로 번역한다.
26. ποταμοὶ(포타모이)는 복수형이므로 개역개정과 달리 '강들(rivers)'이라고 번역해야 한다.
27. πιστεύσαντες(피스튜산테스)는 아오리스트 능동태 분사이므로 '믿은'으로 번역해야 한다. 개역개정은 '믿는'으로 번역했으나, 바른성경은 '믿은'으로 번역했으며, ESV와 NASB는 'believed'로 번역했다.
28. 전치사구 περὶ τοῦ πνεύματος(페리 투 프뉴마토스)는 개역개정처럼 '성령을 가리켜'가 아니라 '성령에 관하여(ESV: 'about the Spirit')'이다.

지 않았다.[29]

40 이 말씀을 들은 무리 중에서 어떤 이들은 "이분은 참으로 그 선지자
이시다."라고 했고,

41 다른 이들은 "이분은 그리스도이시다."라고 했으나, 또 다른 이들은[30]
"그리스도가 갈릴래아에서 나올 수 없지 않느냐?

42 성경은 그리스도가 다윗의 씨로, 그리고 다윗이 살던 마을 베들레헴
에서 나오신다고 하지 않았느냐?"라고 했다.

43 그리하여 그분으로 말미암아 무리 가운데 분열이[31] 일어났다.

44 그들 중 어떤 이들은 그분을 잡고자 하였으나, 그분께 손들을 대는
자가 없었다.

45 그때 아랫사람들이 대제사장들과 바리새인들에게 돌아오자[32] 그들
은 "어찌하여 그를 데려오지 않았느냐?"라고 물었다.

46 아랫사람들은 "이렇게 말한 사람은 아무도 없었습니다."라고 대답
했다.

47 바리새인들이 대답했다. "너희도 미혹되었느냐?

---

29. 개역개정에는 이 문구에 '그들에게'가 있으나, 헬라어 원문에는 이 단어가 없다.
30. '또 다른 이들은'은 οἱ δὲ(호이 데)를 번역한 것이다. 이것은 'others however', 'but some'이란 뜻이다(Zerwick, 1996: 309). 이것은 내러티브 문학에서 대화의 화자를 변경할 때 자주 사용된다(Novakovic, 2020a: 261; Wallace, 1996: 211~12).
31. σχίσμα(스키스마)는 개역개정처럼 '쟁론'으로 번역하기보다 '분열(division)'로 번역하는 것이 좋다.
32. '오다'라는 뜻을 가진 ἔρχομαι(에르코마이)는 이 문맥에서 '돌아오다(come back)'라는 뜻을 가진다(Wallace, 1996: 327; Zerwick, 1996: 309).

48 당국자들이나 바리새인들 중에 그를 믿는 자가 있느냐?
49 그러나 율법을 알지 못하는 이 무리는 저주를 받은 자들이다."
50 그들 가운데 한 사람, 곧 전에 그분께 왔던 니고데모가 그들에게 말
했다.[33]
51 "우리 율법은 먼저 본인의[34] 말을 들어보고 또 그가 행한 것을 알아
보지 않고서는 판결하지[35] 않지 않느냐?"
52 그들이 그에게 대답했다. "너도 갈릴래아에서 왔느냐? 너는 찾아보
아라.[36] 그러면 갈릴래아에서는 선지자가 나오지 않는다는 것을 알
게 될 것이다."[37]

---

33. λέγει(레게이)는 역사적 현재형(historical present)이므로 '말했다'로 번역한다(참고. Novakovic, 2020a: 265).

34. 헬라어 원문에는 παρ' αὐτοῦ(파르 아우투, '그로부터')라고 되어 있다. 개역개정은 '사람의'라고 되어 있으나, 이 책에서는 천주교 성경처럼 '본인의'라고 번역한다.

35. 현재 능동태 직설법 3인칭 단수 κρίνει(크리네이)는 성경에서 '심판한다'라는 말로 자주 번역되지만(참고. J. P. Louw and E. A. Nida, 1988: 363~64), '심판한다'라는 말은 '정죄한다' 혹은 '저주한다'라는 부정적 의미를 심어 준다. 그러므로 문맥에 따라 '심판한다'로 번역할 수 있으나(참고. 3:17, 18[2회], 5:22, 30), 어떤 경우에는 '판결한다'로 번역하는 것이 좋다(참고. 7:24[2회]).

36. '너는 찾아보아라'에 해당하는 아오리스트 능동태 명령법 2인칭 단수형 ἐραύνησον(에라우네손)은 조건적인 명령으로서 '만일 …… 하면, ……하게 될 것이다'라는 뜻이다(Novakovic, 2020a: 267; 참고. Wallace, 1996: 489, 491).

37. καὶ ἴδε ὅτι ἐκ τῆς Γαλιλαίας προφήτης οὐκ ἐγείρεται(카이 이데 호티 에크 테스 갈릴라이아스 프로페테스 우크 에게이레타이)를 직역하면 '그리고 갈릴래아에서는 선지자가 나오지 않는다는 것을 알라'이다. 하지만 문맥을 고려할 때

53 [그들은 각각 그들의 집으로 돌아갔다.[38]

바른성경처럼 위와 같이 번역하는 것이 의미를 잘 살린다.

38. 7:53~8:11은 사본들의 지지를 전혀 받지 못한다. 이 단락은 P[66,75] ℵ A[vid] B C[vid] L N T W Δ Θ Ψ 0141 33 등과 같은 초기의 사본들에 들어 있지 않다. 그리고 고대 역본들에도 이 본문이 없다.

요한복음 8장

1 예수님께서 올리브산으로[1] 가셨다.

2 이른 아침에[2] 그분이 다시 성전에 들어오시니 백성이 다 그분에게로 나아왔다. 그분은 앉아서 그들을 가르치셨다.

3 서기관들과 바리새인들이 간음하다가[3] 잡힌 여자를 끌고 와서 가운데에 세우고

4 그분께 말했다. "선생님, 이 여자가 간음하다가 현장에서 붙잡혔습니다.

---

1. *τό ὄρος τῶν ἐλαιῶν*(토 오로스 톤 엘라이온)을 개역개정은 '감람산'이라고 번역했다. 이는 중국어 번역의 영향 때문이다. 이것을 '올리브산'이라고 번역해야 한다.
2. 개역개정은 *ὄρθρος*(오르쓰로스)를 '아침'이라고 번역했다. 하지만 이 단어는 '이른 아침' 혹은 '미명'을 의미한다. Zerwick은 이 단어를 'early morning', 'dawn'이라고 했다(Zerwick, 1996: 310). 바른성경과 천주교 성경은 '이른 아침'이라고 번역했다.
3. 전치사구 *ἐπὶ μοιχείᾳ*(에피 모이케이아)를 개역개정은 '음행 중에'로 번역했지만, '간음하다가'로 번역하는 것이 더 적합하다. Novakovic은 이 어구를 'at the time of adultery'라고 했다(Novakovic, 2020a: 270).
4. '자'는 접속사 *δὲ*(데)를 번역한 것이다. 이 단어는 내러티브의 발전을 알려주는 표식이다(Novakovic, 2020a: 271). ESV와 NASB는 이 단어를 'now'로 번역했다. 하지만 개역개정은 이를 번역하지 않았다. 이 책에서는 우리말 어감을 살려서 위와 같이 번역한다.

5 자[4], 모세는 율법에서 이러한 여자들을[5] 돌로 치라고 우리에게 명령했
는데, 당신은 어떻게 말하겠습니까?"
6 그들이 이렇게 말한 것은 그분을 고발할 조건을 얻으려고 그분을 시
험한 것이다. 그러나 예수님께서는 몸을 굽혀서 손가락으로 땅에 쓰
셨다.
7 그들이 계속해서 그분께 물으니, 이에 일어나서 "너희 중에 죄 없는
자가 먼저 그녀에게[6] 돌을 던져라."라고 그들에게 말씀하시고,
8 다시 몸을 굽혀 땅에 쓰셨다.
9 그들은 그 말을 듣고 어른들로부터 시작하여 하나씩 하나씩 떠났고,
그분만 남으셨으며, 그 여자는 가운데에 그대로 서 있었다.[7]
10 예수님께서 일어나셔서 그 여자에게 말씀하셨다.[8] "여자여, 그들이[9]
어디 있느냐? 너를 정죄하던 자가 아무도 없느냐?"
11 그 여자가 말했다. "주님, 아무도 없습니다." 예수님께서 말씀하셨다.

---

5. 개역개정은 단수형 '이러한 여자를'이라고 되어 있으나, 헬라어 원문에는 복수형 τὰς τοιαύτας(타스 토이아우타스)로 되어 있다. 따라서 '이러한 여자들을'로 번역해야 한다.
6. 헬라어 원문에는 '그녀에게'에 해당하는 ἐπ' αὐτὴν(에프 아우텐)이 있다. 하지만 개역개정은 이를 번역하지 않았다.
7. 개역개정은 헬라어 원문에 없는 '양심에 가책을 느껴'와 '젊은이까지'를 번역해 놓았다.
8. 개역개정은 헬라어 원문에 없는 '여자 외에 아무도 없는 것을 보시고'를 번역해 놓았다.
9. 개역개정은 헬라어 원문에 없는 '너를 고발하던'을 번역해 놓았다.

“나도 너를 정죄하지 않는다. 가라. 그리고 이제부터[10] 더 이상 죄를
짓지 말라.”]
12 예수님께서 다시 그들에게 말씀하셨다. “나는 세상의 빛이다. 나를
따르는 자는 결코[11] 어둠 속에 다니지 않을 것이고, 생명의 빛을 얻
을 것이다.”
13 바리새인들이 그분께 말했다. “당신이 자신에 대하여[12] 증언하고 있
으니, 당신의 증언은 유효하지[13] 않습니다.”
14 예수님께서 그들에게 대답하셨다. “내가 나에 대하여 증언하여도 내
증언은 유효하니, 나는 내가 어디서 와서 어디로 가는지를 알기 때문
이다. 그러나 너희는 내가 어디서 와서 어디로 가는지 알지 못한다.
15 너희는 육체를 따라 판단하나, 나는 아무도 판단하지 않는다.

---

10. 헬라어 원문에는 *ἀπὸ τοῦ νῦν*(아포 투 뉜)이 있다. 이는 ‘이제부터(from now on)’라는 뜻이다(Zerwick, 1996: 311). 개역개정은 이를 번역하지 않았다.
11. *οὐ μὴ*(우 메)는 강한 부정이며, 더욱이 가정법 *περιπατήσῃ*(페리파테세, ‘to walk’)와 결합하여 더욱 강한 부정이 된다(Novakovic, 2020a: 276). 개역개정은 이런 측면을 번역에 반영하지 않았다.
12. *περὶ σεαυτοῦ*(페리 세아우투)는 개역개정처럼 ‘너[당신]를 위하여’가 아니라, ‘너[당신]에 대하여’이다.
13. *ἡ μαρτυρία σου οὐκ ἔστιν ἀληθής*(헤 마르튀리아 수 우크 에스틴 알레쎄스)를 직역하면 ‘당신의 증언은 참되지 않습니다’이다. 그러나 증언이라는 문맥을 고려할 때 이 어구를 천주교 성경처럼 ‘당신의 증언은 유효하지 않습니다’로 번역하는 것이 의미를 잘 살릴 수 있다. NIV와 NASB도 이 어구를 ‘your testimony is not valid.’라고 번역했다. 이러한 번역은 8:14, 16, 17에서도 적용된다.

16 만일 내가 판단하여도 내 판단은 유효하니, 이는 나 혼자 판단하는
것이 아니라, 나와 나를 보내신 아버지께서[14] 함께 판단하시기 때문
이다.[15]
17 너희 율법에도 두 사람의 증언은 유효하다고 기록되어 있다.
18 내가 나에 대하여 증언하고, 또 나를 보내신 아버지께서도 나에 대
하여 증언하신다."
19 이에 그들이 "당신의 아버지가 어디에 계십니까?"라고 물었다. 예
수님께서 "너희는 나를 알지 못하고 내 아버지도 알지 못한다. 너희
가 나를 알았더라면 내 아버지도 알았을 것이다."라고 대답하셨다.
20 이 말씀은 그분이 성전에서 가르치실 때 헌금함 있는 곳에서[16] 하신
것이다. 그러나 아무도 그분을 잡지 않았으니, 이는 그분의 때가 아
직 이르지 않았기 때문이다.
21 그분은 다시 그들에게 말씀하셨다. "나는 떠나간다. 너희는 나를 찾
다가 너희 죄 가운데서[17] 죽을 것이다. 내가 가는 곳에 너희는 올 수

---

14. 개역개정은 '아버지'를 생략했다. 하지만 UBS5와 다수사본은 πατήρ(파테르)를 원문에 포함한다.

15. 헬라어 원문은 위와 같은 번역을 지지한다. 천주교 성경이 이렇게 번역했다. NRSV도 'for it is not I alone who judge, but I and the Father who sent me.'라고 번역했다.

16. 전치사구 ἐν τῷ γαζοφυλακίῳ(엔 토 가조퓔라키오)를 직역하면 '헌금함 안에서(ESV, NASB: 'in the treasury')'이다. Zerwick은 이를 'a room in the Temple'이라고 했다(참고. Zerwick, 1996: 311). NIV는 이를 의역하여 'near the place where the offerings were put'이라고 했다.

17. 전치사구 ἐν τῇ ἁμαρτίᾳ ὑμῶν(엔 테 하마르티아 휘몬)은 '너희 죄의 상태에서

없다."
22 그러자 유대인들이 말했다. "그가 '내가 가는 곳에 너희는 올 수 없
다.'라고 말하니, 그는 자살하려는 것인가?"
23 그분이 그들에게 말했다. "너희는 아래에서 왔고, 나는 위에서 왔다.[18]
너희는 이 세상에 속했고, 나는 이 세상에 속하지 않았다.
24 그러므로 내가 너희에게 너희가 너희 죄들 가운데서[19] 죽을 것이라
고 말했다. 만일 너희가 내가 그인 것을[20] 믿지 않으면 너희는 너희
죄들 가운데서 죽을 것이다."
25 그들이 그분에게 "당신은 누구십니까?"라고 말했다. 그래서 예수님
께서 그들에게 말씀하셨다. "나는 처음부터 너희에게 말하여 온 자
이다.[21]

(state)' 혹은 '너희 죄 때문에(causal)'라는 뜻이다(Novakovic, 2020a: 283). 대부분의 영어 성경은 'in your sin'으로 번역했다.

18. '아래에서'와 '위에서'에 해당하는 헬라어에는 모두 관사가 붙어 있는데, 이는 장소(place)를 시사한다. 즉 이 표현들은 각각 '아래에 있는 장소(the places below)'와 '위에 있는 장소(the places above)'를 의미한다(참고. Wallace, 1996: 232).

19. 전치사구 *ἐν ταῖς ἁμαρτίαις ὑμῶν*(엔 타이스 하마르티아이스 휘몬, 'in your sins')은 복수형이므로 개역개정과 달리 '너희 죄들 가운데서'로 번역해야 한다.

20. 이것은 요한복음의 신적 계시 어구 *ἐγώ εἰμι*(에고 에이미, 'I am He')로 번역한 것이다. 바른성경은 '내가 그임을'이라고 번역했고, 천주교 성경은 '내가 나임을'이라고 번역했다.

21. *τὴν ἀρχὴν ὅ τι καὶ λαλῶ ὑμῖν*(텐 아르켄 호 티 카이 랄로 휘민)을 ESV는 'Just what I have been telling you from the beginning.'으로 번역했다. 하지만 NASB는 'What have I been saying to you from the beginning?'으로 번역

26 내가 너희에 대하여 말할 것과 판단할 것이 많다. 그러나 나를 보내
신 분이 참되시니, 나는 그분에게서 들은 이것들을 세상에 말한다."
27 그들은 그분이 아버지에 관하여[22] 그들에게 말씀하시고 있는 줄을
깨닫지 못했다.
28 이에 예수님께서 그들에게 말씀하셨다. "너희가 인자를 들어 올릴
때, 너희는 내가 그인 것을[23] 알게 될 것이고, 또 내가 스스로 아무것
도 행하지 않고, 오직 아버지께서 나를 가르치신 대로 내가 이것들
을 말하는 것도 알게 될 것이다.
29 나를 보내신 분이 나와 함께 계신다. 그분은 나를 혼자 두지 않으셨
는데, 이는 내가 항상 그분이 기뻐하시는 일들을 행하기 때문이다."
30 그분이 이것들을 말씀하시니 많은 사람이 그분을 믿었다.
31 그러므로 예수님께서 자기를 믿은 유대인들에게 말씀하셨다. "너희
가 내 말에 거하면, 너희는 참으로 내 제자이다.
32 그리고 너희는 그 진리를 알게 될 것인데, 그 진리가 너희를 자유롭
게 할 것이다."
33 그들이 그분에게 대답했다. "우리는 아브라함의 자손이며 남의 종

했다. 문장 자체로 볼 때는 두 가지 번역이 모두 가능하다. 하지만 이어지는 구절을 고려할 때 ESV와 같은 평서문이 더 정확해 보인다.

22. 동사 λέγω(레고, '말한다')가 대격 명사(여기서는 τὸν πατέρα[톤 파테라], 아버지)와 결합하면 그 대격 명사가 말하는 대상이 된다(BDAG, 588.1; Novakovic, 2020a: 288).

23. 요한복음의 신적 계시 어구 ἐγώ εἰμι(에고 에이미)를 번역한 것이다. 8:24를 참고하라.

이 된 적이 없는데, 어찌하여 당신은 '너희가[24] 자유롭게 될 것이다.'
라고 하십니까?"
34 예수님께서 그들에게 대답하셨다. "진실로 진실로 내가 너희에게 말
하는데, 죄를 범하는 자마다 죄의 종이다.
35 종은 영원히 집에 머무르지 못하지만, 아들은 영원히 머무른다.
36 그러므로 아들이 너희를 자유롭게 하면 너희가 참으로 자유로워질
것이다.
37 나도 너희가 아브라함의 자손인 줄 안다. 그러나 내 말이 너희 안에
있을 곳이 없으므로 너희가 나를 죽이려고 한다.
38 나는 내 아버지에게서[25] 본 것을 말하고, 너희는 너희 아버지에게서
들은 것을 행한다."
39 그들이 그분에게 "우리 아버지는 아브라함입니다."라고 대답하니,
예수님께서 그들에게 말씀하셨다. "너희가 아브라함의 자손이면 아
브라함이 행한 일들을 행할 것이다.
40 그러나 지금 너희는 하나님께 들은 진리를 너희에게 말한 사람인 나

---

24. 헬라어 원문은 *ἐλεύθεροι γενήσεσθε*(엘류쎄로이 게네세스쎄)로서 '너희가 자유롭게 될 것이다'이다. 하지만 개역개정은 유대인들이 예수님의 말씀을 인용한 부분을 간접인용으로 바꾸어서 '너희가'를 '우리가'로 번역했다.

25. 다수사본은 *παρὰ τῷ πατρί μου*(파라 토 파트리 무)라고 표기하지만, UBS5는 *μου*를 생략하고 *παρὰ τῷ πατρί*라고 표기한다. ESV와 NASB는 'my Father'라고 번역하나, NRSV는 'the Father'라고 번역한다. 개역개정과 천주교 성경은 '내 아버지'라고 번역하지만, 바른성경은 '아버지'라고 번역한다. 원본에서 이 단어의 유무를 결정하기가 쉽지 않고, 또 그것이 의미에 영향을 미치지는 않지만, 이 책에서는 *μου*를 넣어서 번역한다.

를 죽이려고 한다. 아브라함은 이렇게 하지 않았다.
41 너희는 너희 아버지의 일들을 하고 있다." 그들이 그분에게 대답했
다. "우리는 음행으로[26] 태어나지 않았고, 우리 아버지는 한 분이시
니, 곧 하나님입니다."
42 예수님께서 그들에게 말씀하셨다. "하나님이 너희 아버지였으면 너
희가 나를 사랑했을 것이니, 이는 내가 하나님께로부터 나와서 (여
기에) 와 있기[27] 때문이다. 내가 스스로 온 것이 아니라 그분께서 나
를 보내셨다.
43 너희는 어찌하여 내 말을 깨닫지 못하느냐? 이는 너희가 내 말을 들
을 줄 모르기 때문이다.[28]
44 너희는 너희 아버지 마귀에게서 나서 너희 아버지의 욕심대로 행하

---

26. 전치사구 *ἐκ πορνείας*(에크 포르네이아스)를 Novakovic은 간통을 통한 출생 혹은 불법적인 성관계를 통한 출생('born from fornication' = 'conceived through unlawful sexual intercourse')이라고 설명했다(Novakovic, 2020a: 299). Zerwick은 이것을 사생으로 태어난 것('illegitimately')이라고 말했다(Zerwick, 1996: 313). 개역개정은 '음란한 데서'라고 번역했는데, 천주교 성경은 '사생아로'라고 번역했다. 이 책에서는 직역하여 위와 같이 번역한다.

27. *ἥκω*(헤코)는 'be present'란 뜻이다(Zerwick, 1996: 313). 따라서 위와 같이 번역한다. '여기에'는 헬라어 원문에 없지만, 문장의 의미를 살리기 위해서 삽입해 놓았다.

28. *ὅτι οὐ δύνασθε ἀκούειν τὸν λόγον τὸν ἐμόν*(호티 우 뒤나스쎄 아쿠에인 톤 로곤 톤 에몬)을 개역개정은 '이는 내 말을 들을 줄 알지 못함이로다'라고 번역했다. 바른성경은 '이는 너희가 내 말을 들을 수 없기 때문이다'라고 번역했다. 하지만 위와 같이 번역하는 것이 의미를 더 잘 살린다.

기를 원한다. 그는 처음부터 살인한 자였고, 진리에 서 있지 않으니,
이는 진리가 그 속에 없기 때문이다. 그가 거짓을 말할 때는 자기 본
성에서 나온 것으로[29] 말하는 것인데, 이는 그가 거짓말쟁이며 거짓
의 아버지이기 때문이다.
45 그러나 내가 진리를 말하기 때문에 너희는 나를 믿지 않는다.
46 너희 중에 누가 나를 죄로 책잡겠느냐? 내가 진리를 말하고 있다면,[30]
너희가 어찌하여 나를 믿지 않느냐?
47 하나님께로부터 난 자는[31] 하나님의 말씀을 듣는다. 그러므로[32] 너
희가 듣지 않는 것은 너희가 하나님께로부터 나지 않기 때문이다."
48 유대인들이 그분께 대답했다. "우리가 당신을 사마리아 사람이라고
하며, 또 마귀가[33] 들렸다고 말하는 것이 옳지 않겠습니까?"

---

29. 전치사구 *ἐκ τῶν ἰδίων*(에크 톤 이디온)을 직역하면 '자신의 것에서'이다. 이것을 Zerwick은 'in keeping with his nature, in characteristic'이라고 설명했다(Zerwick, 1996: 313). 개역개정은 이를 '제 것으로'라고 번역했으나, 바른성경은 '자기 본성에서'라고 번역했고, 천주교 성경은 '본성에서'라고 번역했다. ESV는 'out of his own nature'라고 번역했고, NIV는 'his native language'라고 의역했다. 이 책에서는 위와 같이 번역한다.
30. 개역개정과 바른성경은 *εἰ*(에이, '만일')를 고려하지 않고 번역했다. 천주교 성경처럼, 위와 같이 번역하는 것이 정확하다.
31. *ὁ ὢν ἐκ τοῦ θεοῦ*(호 온 에크 투 쎄우)를 개역개정은 '하나님께 속한 자'라고 번역했으나, '하나님께로부터 난 자'라고 번역해야 한다.
32. '그러므로'는 *διὰ τοῦτο*(디아 투토)를 번역한 것이다. 이것은 이유를 나타낸다(참고. Novakovic, 2020a: 305).
33. *δαιμόνιον*(다이모니온)을 개역개정은 '귀신'이라고 번역했다(참고. 7:20; 8:48, 49, 52; 10:20, 21). 하지만 이 단어를 '악령(바른성경)' 혹은 '마귀(천주교 성경)'

49 예수님께서 대답하셨다. "나는 마귀 들린 것이 아니라, 내 아버지를
공경하는 것이다. 그런데 너희가 나를 모욕하고 있다.[34]
50 나는 내 영광을 구하지 않는다. 그것을 구하시고 또 판단하시는 분
이 계신다.[35]
51 진실로 진실로 내가 너희에게 말한다. 누구든지 내 말을 지키면 영원
히 죽음을 보지 않을 것이다."
52 유대인들이 그분께 말했다. "지금 당신이 마귀 들린 것을 우리는 압
니다. 아브라함이 죽었고 선지자들도 죽었는데, 당신은 '누구든지
내 말을 지키면 그가 영원히 죽음을 맛보지 않을 것이다.'라고 말합
니다.
53 당신이 이미 죽은 우리 조상 아브라함보다 위대하다는 말입니까?
또 선지자들도 죽었습니다. 당신은 자신을 누구라고 자처합니까?"
54 예수님께서 대답하셨다. "내가 나에게 영광을 돌린다면 나의 영광
은 아무것도 아니다. 나에게 영광을 돌리시는 분은 내 아버지이시
니, 곧 너희가 '그분은 우리 하나님이다.'라고[36] 말하는 그분이시다.

로 번역하는 것이 좋다.

34. 현재 능동태 직설법 2인칭 복수 ἀτιμάζετέ(아티마제테)는 'dishonor'라는 뜻이다(Zerwick, 1996: 313). 개역개정은 이를 '무시하다'로 번역했고, 바른성경은 '멸시하다'로 번역했지만, 천주교 성경처럼 '모욕하다'로 번역하는 것이 낫다.

35. ἔστιν ὁ ζητῶν καὶ κρίνων(에스틴 호 제톤 카이 크리논)을 직역하면 '찾고 판단하는 이가 계신다'이다. 하지만 문맥을 고려하면서 의미를 살리고자 위와 같이 번역한다.

36. 개역개정은 ὅτι θεὸς ἡμῶν ἐστιν(호티 쎄오스 헤몬 에스틴)을 간접인용문으로 바꾸어서 '너희 하나님이라 칭하는 그'라고 번역했다.

55 너희는 그분을 알지 못하나, 나는 그분을 안다. 만일 내가 그분을 알
지 못한다고 말한다면, 나도 너희와 같이 거짓말쟁이가 될 것이다.
그러나[37] 나는 그분을 알고 또 그분의 말씀을 지킨다.
56 너희 조상 아브라함은 나의 날을 볼 것을 즐거워하다가 보고 기뻐
했다."
57 유대인들이 그분에게 말했다. "당신이 아직 오십 세도 되지 않았는
데, 아브라함을 보았다는 말입니까?"
58 예수님께서 그들에게 말씀하셨다. "진실로 진실로 내가 너희에게 말
한다. 아브라함이 태어나기 전부터 내가 있다."[38]
59 그들이 돌들을 들어 그분께 던지려고 했으나, 예수님께서는 몸을 숨
겨 성전에서 나가셨다.

---

37. '그러나'는 ἀλλά(알라)를 번역한 것이다. 개역개정은 이 단어를 번역하지 않았다.

38. '내가 있다'는 요한복음의 신적 계시 어구 ἐγώ εἰμί(에고 에이미)를 번역한 것이다(참고. Wallace, 1996: 530~31).

요한복음 9장

1 그분께서 지나가실 때 태어날 때부터 앞을 보지 못하게 된[1] 사람을
보셨다.
2 그분의 제자들이 그분께 물었다. "랍비님, 그가 시각장애인으로 태어
난 것은 누구의 범죄 때문입니까? 이 사람입니까? 아니면 그의 부모
입니까?"
3 예수님께서 대답하셨다. "이 사람이나 그의 부모가 죄지었기 때문이
아니라, 그에게서 하나님의 일들이[2] 나타나게 하려는 것이다.
4 우리는[3] 낮 동안에[4] 나를 보내신 분의 일들을 해야 한다. 밤이 오고 있

---

1. 개역개정은 τυφλός(튀플로스)를 '맹인'으로 번역했다. 하지만 이러한 용어는 장애인을 비하할 수 있으므로 '시각장애인'이나 '앞을 보지 못하는 사람' 정도로 번역하는 것이 좋다.
2. τὰ ἔργα(타 에르가)는 복수형으로 '일들'이라고 번역해야 한다. 개역개정은 단수형으로 '일'이라고 번역했다.
3. 다수사본은 ἡμᾶς(헤마스, '우리')로 표기하지 않고, ἐμὲ(에메, '나')로 표기했다. 사본상의 차이가 크지 않지만, UBS 위원회는 ἡμᾶς를 지지하는 사본이 조금 더 우세하고, ἡμᾶς를 ἐμὲ로 바꾸었을 가능성이 상대적으로 적다는 이유로 ἡμᾶς를 선택했다(Metzger, 1994: 194). 이에 따라 이 책에서도 ἡμᾶς에 근거하여 번역한다.
4. ἕως ἡμέρα ἐστίν(헤오스 헤메라 에스틴)을 개역개정은 '때가 아직 낮이매'로 번역했다. 하지만 이 문구는 '낮 동안에'라는 뜻이다. ESV와 NRSV는 'while it is day'로 번역했고, NASB와 NIV는 'as long as it is day'로 번역했다. 이것은 비유

는데,[5] 그때는 아무도 일할 수 없다.
5 내가 세상에 있는 동안 나는 세상의 빛이다."
6 그분은 이렇게 말씀하신 후 땅에 침을 뱉어 침으로[6] 진흙을 이겨 그
의 두 눈에[7] 바르시고,
7 그에게 "너는 실로암 못에 가서 씻어라."라고 말씀하셨다. 그것(실로
암)은 번역하면 '보냄을 받았다.'이다.[8] 이에 그가 가서 씻고, 앞을 볼
수 있게 되어 돌아왔다.[9]
8 그러자 이웃 사람들과 또 그가 전에 걸인인 것을 보았던 사람들이 "이
는 앉아서 구걸하던 자가 아니냐?"라고 말했다.[10]

적으로(figuratively) 이해해야 한다(Louw and Nida, 1988: 300).

5. ἔρχεται(에르케타이)는 현재 중간태이므로 '오고 있다'로 번역하는 것이 좋다. 개역개정은 '밤이 오리니'라고 번역했다.
6. '침'에 해당하는 πτύσμα(프뒤스마)는 신약의 *hapax legomenon*이다.
7. 헬라어 원문에는 ἐπὶ τοὺς ὀφθαλμοὺς(에피 투스 옵쌀무스), 즉 NRSV와 NIV의 번역처럼 'on the man's eyes'라고 되어 있다. 이 책에서는 우리말 어법을 고려하여 '두 눈에'라고 번역한다.
8. 참고. 1:38, 41, 42.
9. ἦλθεν βλέπων(엘쎈 블레폰)을 개역개정은 '밝은 눈으로 왔더라'라고 번역했고, 바른성경은 '눈이 밝아져 돌아왔다'로 번역했다. 하지만 이러한 번역은 그가 앞을 전혀 보지 못하는 시각장애인이었다가 이적으로 완전히 회복되었다는 사실을 충분히 드러내지 못한다. 따라서 이 어구를 '앞을 볼 수 있게 되어 돌아왔다'로 번역하는 것이 낫다. 천주교 성경은 '앞을 보게 되어 돌아왔다'로 번역했으며, ESV와 NASB와 NIV는 'came back seeing'이라 번역했고, NRSV는 'came back able to see'라 번역했다.
10. 9:8~10에 있는 '말하다'에 해당하는 동사 λέγω(레고)는 모두 미완료형이다. 이

9 어떤 사람들은 "그 사람이다."라고 하고, 어떤 사람들은 "아니다. 그
와 닮은 사람이다."라고 하니, 그는 "내가 그 사람이오."라고 했다.
10 그러자 그들은 그에게 "그러면 어떻게 너의 두 눈이 떠졌느냐?"라
고 물었다.
11 그가 대답했다. "예수님이라 하는 그 사람이 진흙을 이겨 내 두 눈에
바르시고 나에게 '실로암에 가서 씻어라.'라고 하시기에, 내가 가서
씻었더니 보게 되었소."
12 그들이 그에게 "그가 어디 있느냐?"라고 말하자, 그는 "모르오."라
고 말했다.
13 그들은 전에 시각장애인이었던 그를 바리새인들에게 데리고 갔다.
14 그런데 예수님께서 진흙을 이겨 그의 두 눈을 뜨게 하신 날은 안식
일이었다.
15 그러므로 바리새인들도 그에게 어떻게 보게 되었는지 다시 물었다.
그가 그들에게 "그분이 진흙을 내 두 눈에 바르셨고, 내가 씻었더니
보게 되었습니다."라고 대답했다.
16 바리새인들 중에서 어떤 사람들은 "이 사람이 안식일을 지키지 않으
니 하나님께로부터 온 사람이 아니다."라고 말했다. 그러나 다른 사
람들은 "어떻게 죄지은 사람이 이런 표적을 행할 수 있겠느냐?"라고
말했다. 그리하여 그들 가운데 분열이 일어났다.
17 이에 그들이 앞을 보지 못했던 이에게 다시 "그가 네 두 눈을 뜨게

것은 이웃들과 옆에 서 있는 사람들과 앞을 볼 수 있게 된 사람의 계속된 대화를 묘사한다.

했으니, 너는 그에 관하여 무엇이라 말하겠느냐?"라고 말했다.[11] 그
는 "그분은 선지자이십니다."라고 말했다.
18 그러나 유대인들은 그가 시각장애인이었다가 앞을 보게 된 것을 믿
지 않았고, 마침내[12] 그의 부모까지 불러서,
19 그들에게 물었다. "이 사람이 시각장애인으로 태어났다고 너희가
말하는 너희 아들이냐? 그러면 어떻게 그가 지금 보게 되었느냐?"
20 그의 부모가 대답했다. "이 사람이 우리의 아들인 것과 그가 시각장
애인으로 태어난 것을 우리는 압니다.
21 그러나 지금 그가 어떻게 해서 보게 되었는지 우리가 모르고, 또 누
가 그의 두 눈을 뜨게 했는지도 우리가 모릅니다. 그에게 물어보십시
오. 그가 장성했으니, 자신에 관하여 말할 것입니다."
22 그의 부모가 이렇게 말한 것은 유대인들을 두려워했기 때문이다. 유
대인들은 누구든지 그분을 그리스도로 시인하면 회당에서 쫓아내기
로[13] 이미 결의했다.
23 그러므로 그의 부모가 "그가 장성했으니, 그에게 물어보십시오."라

---

11. 현재 능동태 직설법 3인칭 복수 λέγουσιν(레구신)은 역사적 현재형이므로 과거로 번역한다.

12. '마침내'는 ἕως(헤오스)를 번역한 것이다. 이 단어는 'until'이라는 뜻이나, 이 문맥에서 우리말로 옮길 때는 바른성경처럼 '마침내'가 적당하다.

13. ἀποσυνάγωγος(아포쉬나고고스)는 형용사로서 문자적으로 '회당에서 쫓아내는'이라는 뜻이다(참고. 12:42; 16:2). 개역개정은 이를 '출교하기로'라고 번역했다. 그러나 바른성경과 천주교 성경은 '회당에서 쫓아내기로(내쫓기로)'라고 번역했다. 이 단어와 관련된 역사적 배경을 위하여, Martyn, 2003: 35~66, 148~67을 보라.

고 말한 것이다.
24 이에 그들이 시각장애인이었던 그 사람을 두 번째로 불러서 말했
다. "너는 하나님께 영광을 돌려라. 우리는 이 사람이 죄인인 것을
알고 있다."
25 그가 대답했다. "그가 죄인인지 아닌지 나는 모릅니다. 한 가지 내가
아는 것은 내가 시각장애인이었다가 지금 본다는 것입니다."
26 그들이 그에게 말했다. "그가 네게 무엇을 했느냐? 그가 어떻게 네
두 눈을 뜨게 했느냐?"
27 그가 그들에게 대답했다. "내가 이미 당신들에게 말했어도 당신들은
듣지 않았습니다. 어찌하여 당신들은 다시 듣고자 하십니까? 당신들
도 그분의 제자가 되기를 원하십니까?"
28 그들이 그에게 욕하면서 말했다. "너는 그의 제자이나, 우리는 모세
의 제자들이다.
29 우리는 하나님이 모세에게 말씀하신 것을 알지만, 이 사람에 대해서
는[14] 그가 어디서 왔는지도 모른다."
30 그 사람이 그들에게 대답했다. "그분이 내 두 눈을 뜨게 해 주셨는
데, 당신들은 그분이 어디서 오셨는지 모르니 이것 참[15] 놀라운 일

---

14. 문구의 앞에 τοῦτον δὲ(투톤 데)가 있는데, 이는 ESV와 NASB와 NRSV처럼 'but as for this man'이라는 뜻이다. 따라서 개역개정과 달리 '이 사람에 대해서는'이라고 의미를 살려서 번역한다.
15. '이것 참'은 전치사구 ἐν τούτῳ(엔 투토)를 번역한 것이다. 이것은 'in this respect'라는 뜻이다(Zerwick, 1996: 316).

입니다.[16]

31 하나님께서 죄인들의 말은[17] 듣지 않으시나, 누구든지 하나님을 경외
하고[18] 그분의 뜻을 행하는 자의 말은 들으시는 줄을 우리가 압니다.
32 창세 이후로 태어날 때부터 시각장애인 된 사람의 두 눈을 누가 뜨
게 해 주었다는 말을 들어보지 못했습니다.
33 이 사람이 하나님께로부터 오지 않으셨으면 아무것도 하실 수 없었
을 것입니다."
34 그들은 그에게 "너는 전적으로[19] 죄 가운데서 태어났으면서 우리를
가르치는 것이냐?"라고 대답하고, 그를 밖으로 내쫓았다.
35 예수님께서 그들이 그를 밖으로 내쫓았다는 말을 들으셨는데, 그를
발견하셔서[20] "네가 인자를 믿느냐?"라고 말씀하셨다.

---

16. θαυμαστός(싸우마스토스)는 '놀라운', '주목할 만한'이라는 뜻이다. 이 단어를 문맥에 따라 '놀라운'으로 번역한다. 개역개정은 '이상한'으로 번역했다.
17. 헬라어 원문에는 속격 ἁμαρτωλῶν(하마르톨론)으로 되어 있어서 번역하면 '죄인들의'가 되지만, 이어서 나오는 ἀκούει(아쿠에이, '그가 듣는다')를 참고할 때, '죄인들의 말'이라고 번역할 수 있다. 그런데 개역개정은 '죄인의 말'이라고 단수형으로 번역했다.
18. 개역개정은 θεοσεβὴς(쎄오세베스)를 '경건하여'라고 번역했으나, 문맥상 이 단어를 '하나님을 경외하는(NASB: 'God-fearing')'으로 번역하는 것이 적절해 보인다. 바른성경과 천주교 성경도 '하나님을 경외하고'로 번역했다.
19. ὅλος(홀로스)는 'entire', 'whole'이라는 뜻이다(Zerwick, 1996: 316). 개역개정은 '온전히'라고 번역했으나, '전적으로'가 신학적인 용어로 많이 사용되기에 바른성경처럼 위와 같이 번역한다.
20. 아오리스트 능동태 분사 εὑρὼν(휴론)을 개역개정은 '만나사'로 번역했는데, '발견하셔서'라고 번역하는 것이 문맥에 잘 어울린다. ESV는 'having found'

36 그는 “주님, 그분이 누구십니까? 제가 그분을 믿고자 하니 말씀해 주
십시오.”[21]라고 대답했다.
37 예수님께서 그에게 말씀하셨다. “네가 그를 보았으며, 지금 너와 말
하고 있는 이가 바로 그이다.”
38 그는 “주님, 제가 믿습니다.”라고 말하고 그분에게 절했다.
39 예수님께서 말씀하셨다. “나는 심판하러 이 세상에 왔으니, 보지 못
하는 자들은 보게 하고, 보는 자들은 시각장애인이 되게 하려는 것
이다.”
40 바리새인들 중에서 그분과 함께 있던 자들이 이 말씀을[22] 듣고 그분
께 “우리도 시각장애인이란 말입니까?”라고 말했다.
41 예수님께서 그들에게 말씀하셨다. “너희가 시각장애인이었더라면
너희에게 죄가 없었을 것이다. 그러나 지금 너희가 ‘우리는 본다.’라
고 하니 너희 죄가 그대로 남아 있다.”

로 번역했다.

21. 헬라어 원문에는 ἵνα πιστεύσω εἰς αὐτόν(히나 피스튜소 에이스 아우톤)이라고 되어 있어서 직역하면 ‘그분을 믿을 수 있도록’이다. 개역개정은 ‘내가 믿고자 하나이다’라고 번역했고, 천주교 성경은 ‘제가 그분을 믿을 수 있도록 말씀해 주십시오’라고 했다. NASB는 이 문구를 직역하여 ‘that I may believe in him.’이라고 번역했으나, NRSV와 NIV는 의미를 살려서 ‘tell me, so that I may believe in him.’이라고 번역했다.

22. 헬라어 원문에는 대격 복수 ταῦτα(타우타)가 있어서 직역하면 ‘이것들을’이지만, 이 단어가 9:39에 있는 예수님의 말씀을 가리키므로 개역개정과 같이 ‘이 말씀을’이라고 번역한다(참고. Novakovic, 2020a: 344).

요한복음 10장

1 “진실로 진실로 내가 너희에게 말한다.[1] 양들의[2] 우리에 문으로 들어
가지 않고 다른 데로 넘어가는 자는 도둑이며[3] 강도이다.
2 그러나 문으로 들어가는 이는 양들의 목자이다.
3 문지기는 그에게 문을 열어 주고, 양들은 그의 음성을 들으며, 그는 자
기 양들의 이름을 각각 불러 밖으로 데리고 나간다.[4]
4 그가 자기 양들을 모두 밖으로 내놓은 후에 그가 그들에 앞서서 가면
양들이 그의 음성을 알기 때문에 그를 따른다.
5 그러나 그들이 타인의 음성은 알지 못하기 때문에 결코[5] 타인을 따르
지 않고 도리어 그에게서 도망한다.”
6 예수님께서 그들에게 이 비유를 말씀하셨으나, 그들은 그분이 그들에

---

1. 이 어구에 대해서는 1:51의 설명을 참고하라.
2. 개역개정은 ‘양의’라는 단수형으로 번역했으나, 속격 τῶν προβάτων(톤 프로바톤)은 복수형이므로 ‘양들의’라고 번역해야 한다.
3. κλέπτης(클렙테스)를 개역개정은 ‘절도’라고 번역했는데, 오늘날 이 단어는 잘 사용하지 않으니 ‘도둑’이라고 번역한다. 개역개정도 10:10에서는 이 단어를 ‘도둑’이라고 번역했다.
4. 현재 능동태 직설법 3인칭 단수 ἐξάγει(엑사게이)는 ‘밖으로 데리고 나간다’이다. 개역개정은 ‘인도하여 내느니라’라고 번역했는데, 우리말 어감을 고려할 때 천주교 성경처럼 ‘밖으로 데리고 나간다’로 번역하는 것이 낫다.
5. ‘결코’는 강한 부정을 암시하는 οὐ μὴ(우 메)를 번역한 것이다.

게 하신 말씀이 무슨 뜻인지 알지 못했다.
7 그러므로 예수님께서 다시 말씀하셨다. "진실로 진실로 내가 너희에
게 말한다. 나는 양들의 문이다.
8 나보다 먼저[6] 온 자들은 모두 도둑들이며 강도들이어서 양들이 그들
의 말을 듣지 않았다.
9 나는 문이다. 누구든지 나를 통하여[7] 들어가면 구원받을 것이며 또 드
나들면서[8] 꼴을 얻을 것이다.
10 도둑은 오로지 훔치고 죽이고 멸망시키려고 오지만, 나는 양들이 생
명을 얻게 하고 더 풍성히 얻게 하려고 왔다.
11 나는 선한 목자이다. 선한 목자는 양들을 위하여 자기 목숨을 내놓
는다.[9]

---

6. P^{45vid},75 ℵ* Δ 0141 892^{supp} E F G 와 대부분의 소문자 사본들은 πρὸ ἐμοῦ(프로 에무)를 포함하지 않았다. 그러나 P^{66} A B D L W Ψ 등이 이 단어를 포함한다. 다수사본은 이 단어를 삭제했으나, UBS 위원회는 판단을 내리지 못해서 이 단어를 ἦλθον 뒤의 꺾쇠괄호에 넣었다(Metzger, 1994: 195~96; 참고. Novakovic, 2020a: 351).
7. 전치사구 δι' ἐμοῦ(디 에무)를 개역개정은 '나로 말미암아'로 번역했다. 하지만 이것을 바른성경과 천주교 성경처럼 '나를 통하여'로 번역하는 것이 좋다(참고. Louw and Nida, 1988: 327). 헬라어 원문에서 이 문구는 강조되어 있다.
8. εἰσελεύσεται καὶ ἐξελεύσεται(에이셀류세타이 카이 엑셀류세타이)를 개역개정은 '들어가며 나오며'로 번역했는데, 우리말 어감상 '드나들면서'로 번역하는 것이 좋다.
9. 현재 능동태 직설법 3인칭 단수 τίθησιν(티쎄신)은 '내놓는다(lays down)'라는 뜻이다(Zerwick, 1996: 317). 개역개정은 '버리거니와'로 번역했다(참고. 10:11, 15, 17, 18).

12 삯꾼은 목자가 아니고, 양들도 자기의 것이 아니므로, 이리가 오는
것을 보면 양들을 버리고 달아나기에, 이리가 양들을 물어가고 또 흩
어 버린다.[10]
13 이는 그가 삯꾼이어서 양들을 돌보지 않기 때문이다.
14 나는 선한 목자이다. 나는 내 양들을[11] 알고 내 양들도 나를 안다.
15 이는 마치 아버지께서 나를 아시고 나도 아버지를 아는 것 같으니,
나는 양들을 위하여 내 목숨을 내놓는다.
16 그러나 나에게는 이 우리에 들지 않은 다른 양들이 있다. 나는 그들
도 데려와야 한다.[12] 그들이 내 음성을 들을 것이고, 한 목자 아래에
서[13] 한 무리가 될 것이다.[14]
17 아버지께서 나를 사랑하시니, 이는 내가 목숨을 다시 얻기 위하여 내
목숨을 내놓기 때문이다.

---

10. 현재 능동태 직설법 3인칭 단수 σκορπίζει(스코르피제이)는 '흩는다(scatter)' 라는 뜻이다. 개역개정은 이 단어를 '헤치느니라'라고 번역했다.

11. 헬라어 원문에는 τὰ ἐμὰ(타 에마), 즉 '나의 것들(my own)'이라고 되어 있으나 이것이 '양들'을 가리키는 것이 분명하므로 개역개정과 바른성경과 천주교 성경은 '내 양들'이라고 번역했다.

12. 아오리스트 부정사 ἀγαγεῖν(아가게인)의 원형 ἄγω(아고)는 '데려온다(bring)' 라는 뜻이다(Zerwick, 1996: 317). 개역개정은 '인도하여야'라고 번역했다.

13. 헬라어 원문에는 문장의 말미에 εἷς ποιμήν(에이스 포이멘)으로 되어 있다. 바른성경과 천주교 성경은 이것을 각각 '밑에서'와 '아래'로 번역했다.

14. 다수사본은 미래 중간태 디포넌트 γενήσεται(게네세타이)를 지지하고, UBS5는 약간의 사본상 우세에 근거하여 미래 중간태 직설법 γενήσονται(게네손타이)를 지지한다. 우리말 번역의 차이는 없다.

18 아무도 내 목숨을[15] 내게서 빼앗지 못한다. 하지만 내가 그것을 스스
로 내놓는다. 나는 그것을 내놓을 권세도 있고 그것을 다시 얻을 권
세도 있다. 나는 내 아버지에게서 이 명령을 받았다."
19 이 말씀으로 말미암아 유대인들 사이에 다시 분열이 일어났다.
20 그들 중에서 많은 사람이 말했다. "그는 마귀가[16] 들려서 미쳤다. 어
찌하여 너희들은 그의 말을 듣느냐?"
21 다른 사람들은[17] 말했다. "이 말은 마귀 들린 자의 말이 아니다. 마귀
가 시각장애인들의 눈을 뜨게 할 수 있느냐?"
22 예루살렘에 수전절이 이르렀고, 때는 겨울이었다.
23 예수님께서 성전 안에 있는 솔로몬 행각을 거닐고 계셨다.
24 유대인들이 그분을 에워싸고 그분에게 말했다. "당신이 언제까지
우리의 속을 태우실 겁니까?[18] 당신이 그리스도라면 우리에게 분명
히[19] 말씀하십시오."

---

15. 헬라어 원문에는 대격 αὐτὴν(아우텐)만 있다. 문맥을 고려할 때 이것은 '내 목숨을'이다.
16. δαιμόνιον(다이모니온)을 개역개정은 '귀신'이라고 번역했다(참고. 7:20; 8:48, 49, 52; 10:20, 21). 하지만 이 단어를 '악령(바른성경)' 혹은 '마귀(천주교 성경)'로 번역하는 것이 좋다.
17. 개역개정은 ἄλλοι(알로이)를 단수형으로 '어떤 사람'이라고 번역했으나, 이는 복수형으로 '다른 사람들(others)'이라는 뜻이다.
18. τὴν ψυχὴν ἡμῶν αἴρεις(텐 푸쉬켄 헤몬 아이레이스)를 개역개정은 '우리 마음을 의혹하게 하려 하나이까'라고 번역했다. 하지만 위와 같이 번역하는 것이 낫다.
19. παρρησίᾳ(파레시아)를 개역개정은 '밝히'라고 번역했다. 이 단어의 의미는 '솔

25 예수님께서 그들에게 대답하셨다. "내가 너희에게 말했으나 너희가
믿지 않는다. 내가 내 아버지의 이름으로 행하는 이 일들이 나에 대
하여 증언한다.
26 그러나 너희가 내 양들이 아니므로 믿지 않는다.
27 내 양들은 내 음성을 들으며, 나는 그들을 알고 그들은 나를 따른다.
28 내가 그들에게 영생을 주니, 그들이 영원히 멸망하지 않을 것이며,
또 아무도 그들을 내 손에서 빼앗아 갈 수 없을 것이다.
29 그들을 나에게 주신 내 아버지는 만물보다 크시다.[20] 아무도 아버지
의 손에서 그들을[21] 빼앗을 수 없다.
30 나와 아버지는 하나이다."
31 유대인들이 다시 돌들을 들어서 그분을 치려 하니,
32 예수님께서 그들에게 대답하셨다. "나는 아버지께로부터 온[22] 선한
일들을 너희에게 많이 보였는데, 너희는 그 가운데에서 어떤 일로 나

직히(frankly)' 혹은 '분명히(plainly)'이다. 7:4, 13, 26에서는 '드러나게(openly, publicly)'라는 뜻으로 번역했다. 이 문맥에서는 '분명히(plainly)'라고 번역하는 것이 좋다(참고. ESV, NASB, NRSV, NIV).

20. Δ f^{1} 28 33 157 E F G H it^{d} 등에 근거하여 다수사본은 *ὃς δέδωκέν μοι μείζων πάντων ἐστίν*(호스 데도켄 모이 메이존 판톤 에스틴)이라고 표기하지만, UBS5는 B* $\text{it}^{a,aur,b,c,e,f,l}$ vg cop^{bo} 등에 기반하여 *ὁ πατήρ μου ὃ δέδωκέν μοι πάντων μεῖζόν ἐστιν*이라고 표기한다(참고. Novakovic, 2020a: 366). 어느 것을 채택할지 결정하기가 어려워서 비평등급이 D이지만, 번역에는 차이가 없다.

21. 헬라어 원문에는 '그들을'이 없다.

22. *ἐκ τοῦ πατρός*(에크 투 파트로스)를 개역개정은 '아버지로 말미암아'로 번역했다. 하지만 이것을 '아버지께로부터 온'으로 번역하는 것이 낫다.

를 돌로 치려 하느냐?"

33 유대인들이 그분께 대답했다. "선한 일들 때문이 아니라 신성모독
때문에 우리가 당신을 돌로 치려고 했소. 이는 당신이 사람이면서 자
신을 하나님이라 했기 때문이오."

34 예수님께서 그들에게 대답하셨다. "너희 율법에 '내가 너희를 신들
이라[23] 했다.'라고 기록되어 있지 않느냐?

35 만일 그분이[24] 하나님의 말씀을 받은 자들을 신들이라 하셨고, 성경
은 폐기될 수 없으니,[25]

36 아버지께서 거룩하게 하여 세상에 보내신 내가[26] '나는 하나님의 아
들이다.'라고 말했다고 해서 너희가 '당신은 신성모독을 하고 있습
니다.'라고 말하겠느냐?

---

23. 복수형 θεοί(쎄오이)를 개역개정은 단수형 '신'이라고 번역했다.

24. 아오리스트 능동태 직설법 3인칭 단수 εἶπεν(에이펜, '말했다')의 주체는 10:34의 '율법(성경)'이거나 율법의 수여자이신 '하나님'이다. ESV와 NASB와 NIV는 주어를 'he'라고 번역하여 '하나님'으로 보았고, 바른성경도 '하나님께서'라고 번역했다. 그러나 NRSV는 이 문장을 수동태로 번역하여 주어가 누구인지를 표기하지 않았다.

25. οὐ δύναται λυθῆναι ἡ γραφη(우 뒤나타이 뤼쎄나이 헤 그라페)는 수동태로 번역해서 '성경은 폐기될 수 없다'가 되어야 한다. 하지만 개역개정은 '성경은 폐하지 못하나니'라고 번역했다.

26. 대격 관계대명사 ὃν(혼)은 'whom'이지만, 이 구절에서 '나(예수님)'를 가리키므로, 개역개정이 '자를'이라고 번역한 것과 달리, 문장의 의미를 분명히 하기 위해서 '내가'라고 번역한다. 천주교 성경도 '내가'라고 번역했다.

37 내가 내 아버지의 일들을 행하지 않는다면 나를 믿지 않아도 좋다.[27]
38 그러나 내가 행한다면, 너희가 나를 믿지 않더라도 그 일들은 믿어
라. 그러면 아버지께서 내 안에 계시고 내가 아버지 안에 있는 것을
깨달아 알 것이다."[28]
39 그들이 다시 그분을 잡으려고 했으나, 그분은 그들의 손에서 벗어
나셨다.
40 그분은 다시 요르단강 건너편, 요한이 처음에 세례를 주던 곳으로
가셔서 그곳에 머무셨다.
41 많은 사람이 그분에게 와서 말했다. "요한은 아무 표적도 행하지 않
았으나, 요한이 이분에 대하여 말한 것은 모두 사실이었다."[29]
42 그리하여 그곳에서 많은 사람이 그분을 믿었다.

---

27. *μὴ πιστεύετέ μοι*(메 피스튜에테 모이), 즉 '나를 믿지 말라'를 천주교 성경처럼 '나를 믿지 않아도 좋다'로 번역하면 의미가 더 분명해진다.

28. 다수사본은 *πιστεύσητε*(피스튜세테)를 지지하나(A Δ Ψ 0141 등), UBS5는 *γινώσκητε*(기노스케테)를 지지한다($P^{45,66,75}$ B L 등). 아마도 필사자들이 *γνῶτε*(그노테) 뒤에서 *γινώσκητε*가 잉여적이라고 생각하여 *πιστεύσητε*를 썼거나 생략했을 것이다(Metzger, 1994: 198).

29. 이 문맥에서 *ἀληθῆ ἦν*(알레쎄 엔)을 개역개정처럼 '참이었다'로 번역하는 것은 어색하다. 천주교 성경처럼 '사실이었다'로 번역하는 것이 자연스럽다.

요한복음 11장

1 어떤 병자가 있었는데, 그는 마리아와 그녀의 자매 마르다의 마을 베
타니아에 사는 나사로였다.
2 그런데 이 마리아는 주님께 향유를 붓고 자신의 머리털로 그분의 발
을 닦아드린 여자였는데, 그녀의 오빠 나사로가 병들어 있었다.
3 그리하여 그 누이들이 그분께 사람을 보내어 "주님, 보십시오. 당신이
사랑하시는 이가 병들었습니다."라고 말했다.
4 그러나 예수님께서 들으시고 말씀하셨다. "이 병은 죽음에 이르는 것
이[1] 아니라, 오히려[2] 하나님의 영광을 위한 것이며, 결국[3] 하나님의 아
들이 이것을 통해서 영광을 받게 될 것이다."
5 예수님께서 마르다와 그녀의 자매와 나사로를 사랑하셨으나,
6 나사로가[4] 병들었다는 것을 들으시고도, 계시던 곳에 이틀을 더 머

---

1. 전치사구 πρὸς θάνατον(프로스 싸나톤)은 'leading to death', 'is not meant to end in death'라는 뜻이다(Zerwick, 1996: 319). 개역개정과 천주교 성경은 '죽을'이라고 번역했으나, 바른성경은 '죽음에 이르는 것'이라고 번역했다.
2. '오히려'는 접속사 ἀλλά(알라)를 번역한 것이다. 개역개정은 이 단어를 번역하지 않았다.
3. ἵνα(히나)가 이끄는 절(clause)은 나사로의 병이 '궁극적으로(결국)' 하나님의 아들이 영광을 받기 위한 것이라는 사실을 알려준다. 따라서 문장의 의미를 살리기 위해서 '결국'이라는 단어를 넣었다.
4. 헬라어 원문에는 '나사로'의 이름이 없고, 3인칭 단수 동사 ἀσθενεῖ(아스쎄네이,

무르셨다.
7 그 후에 그분은 제자들에게 "우리가 유대로 다시 가자."라고 말씀하
셨다.
8 제자들이 그분께 말했다. "랍비님, 바로 얼마 전에[5] 유대인들이 당신
을 돌로 치려고 했는데, 다시 그리로 가려 하십니까?"
9 예수님께서 대답하셨다. "낮은 열두 시간이나 되지 않느냐?[6] 만일 누
군가가 낮에 다니면 이 세상의 빛을 보기 때문에 넘어지지 않으나,
10 만일 누군가가 밤에 다니면 빛이 그 사람 안에 없으므로 넘어진다."
11 그분은 이것을 말씀하신 후에 또 그들에게 말씀하셨다. "우리 친구
나사로가 잠들었다. 그러나 내가 그를 깨우러 간다."
12 그러자 제자들이 그분께 말했다. "주님, 만일 그가 잠들었으면 나을
것입니다."

'그가 병들었다')가 있다. 하지만 3인칭 단수 '그'의 의미를 분명히 하기 위해서 개역개정처럼 '나사로'라고 표기한다.

5. 부사 *νῦν*(뉜)은 여기서 '현재로부터 조금 전에'를 의미한다(Novakovic, 2020a: 6; Harris, 2015: 209). 이 단어를 개역개정은 '방금도'라고 번역했고, 천주교 성경은 '바로 얼마 전에'로 번역했다. ESV와 NASB와 NRSV는 'just now'로 번역했다(참고. Zerwick, 1996: 320). 이 책에서는 우리말의 어감을 고려하여 '바로 얼마 전에'로 번역한다.

6. *οὐχὶ δώδεκα ὧραί εἰσιν τῆς ἡμέρας*(우키 도데카 호라이 에이신 테스 헤메라스)를 직역하면 ESV와 NASB처럼 'are there not twelve hours in the day?'가 된다. 개역개정은 이 문구를 '낮이 열두 시간이 아니냐?'라고 번역했으나, 천주교 성경은 의미를 살려서 '낮은 열두 시간이나 되지 않느냐?'라고 번역했다. 이 책에서도 이러한 번역을 채택한다.

13 예수님께서는 그의 죽음에 관하여 말씀하셨으나, 그들은 잠들어서
쉬는 것에 관하여[7] 말씀하시는 줄로 생각했다.
14 이에 예수님께서 그들에게 분명히[8] 말씀하셨다. "나사로는 죽었다.
15 내가 거기에 있지 않아서 너희가 믿을 수 있게 되었으므로 나는 기쁘
다.[9] 그러나 그에게로 가자."
16 디두모라고[10] 불리는 도마가 동료 제자들에게[11] 말했다. "우리도 그분
과 함께 죽으러 가자."
17 예수님께서 가서 보시니 나사로가[12] 무덤에 있은 지 이미 나흘이었다.

---

7. τοῦ ὕπνου(투 휘프누, '잠')는 설명보족적 속격(epexegetical genetive)으로(Zerwick, 1996: 320), κοιμήσεως(코이메세오스, '잠듦')를 설명한다(Novakovic, 2020b: 11). 따라서 우리말 어감을 살려서 위와 같이 번역한다.
8. παρρησίᾳ(파레시아)를 개역개정은 '밝히'라고 번역했다. 이 단어의 의미는 '솔직히(frankly)' 혹은 '분명히(plainly)'이다. 문맥과 우리말 어감을 고려할 때 '분명히'라고 번역하는 것이 좋다(참고. 10:24).
9. 헬라어 원문을 직역하면 NASB와 같이 'I am glad for your sakes that I was not there, so that you may believe.'이다. 개역개정은 이를 '내가 거기 있지 아니한 것을 너희를 위하여 기뻐하노니 이는 너희로 믿게 하려 함이라'라고 번역했다. 하지만 이렇게 번역하면 의미가 불분명해진다. 따라서 위와 같이 조금 의역해서 번역하는 것이 의미를 잘 살린다.
10. Δίδυμος(디뒤모스)는 '쌍둥이'라는 뜻이다(BDAG, 242). 이 이름은 20:24와 21:2에 다시 나온다.
11. 여격 남성 복수 τοῖς συμμαθηταῖς(토이스 쉼마쎄타이스)를 개역개정은 '다른 제자들에게'로 번역했다. 하지만 이 단어를 '동료 제자들에게'로 번역해야 한다.
12. 헬라어 원문에는 '나사로'라는 이름이 나오지 않는다.

18 베타니아는 예루살렘에서 열다섯 스타디온쯤[13] 떨어져 있는 가까운
곳이었다.
19 많은 유대인이 마르다와 마리아에게 그 오빠의 일로 그녀들을 위로
하려고 와 있었다.
20 마르다는 예수님이 오신다는 말을 듣고 그분을 맞으러 나갔으나, 마
리아는 집에 앉아 있었다.[14]
21 마르다가 예수님께 말했다. "주님, 만일 당신이 여기에 계셨더라면
제 오빠가 죽지 않았을 것입니다.
22 그러나[15] 저는 지금이라도 당신이 하나님께 구하시는 것은 무엇이든
지 하나님께서 당신에게 주실 것을 압니다."
23 예수님께서 그녀에게 말씀하셨다. "네 오빠가 다시 살아날 것이다."
24 마르다가 그분께 말했다. "마지막 날 부활 때에 그가 다시 살아날 줄
을 제가 압니다."
25 예수님께서 그녀에게 말씀하셨다. "나는 부활이며 생명이다. 나를
믿는 자는 죽어도 살 것이고,
26 누구든지 살아서 나를 믿는 자는 영원히 죽지 않을 것이다. 네가 이
것을 믿느냐?"

---

13. *ὡς ἀπὸ σταδίων δεκαπέντε*(호스 아포 스타디온 데카펜테)를 직역하면 '약 열다섯 스타디온으로부터'이다. 개역개정은 '열다섯 스타디온'을 '오 리'라고 번역했다. 1스타디온은 약 190m이다. 따라서 열다섯 스타디온은 약 3㎞이다.

14. 미완료 ἐκαθέζετο(에카쎄제토)는 마리아의 계속된 행동을 시사하기에 '앉아 있었다'로 번역한다.

15. '그러나'는 ἀλλὰ(알라)를 번역한 것이다.

27 그녀가 그분께 말했다. "예, 주님, 당신은 세상에 오시기로 되어 있는[16]
그리스도이시며 하나님의 아들이신 것을 제가 믿습니다."
28 그녀는 이 말을 하고 돌아가서 그녀의 자매 마리아를 가만히 불러서
"선생님이 오셨는데[17] 너를 부르신다."라고 말했다.
29 마리아는[18] 이 말을 듣고 급히 일어나 그분께로 갔다.
30 예수님께서 아직 마을로 들어오지 않으셨고 마르다가 그분을 맞이
했던 곳에 그대로 계셨다.
31 마리아와 함께 집에 있으면서 그녀를 위로하던 유대인들은 마리아
가 급히 일어나 나가는 것을 보고 그녀가 무덤에 울기 위해[19] 가는 줄

---

16. ὁ εἰς τὸν κόσμον ἐρχόμενος(호 에이스 톤 코스몬 에르코메노스)를 직역하면 '세상에 오시는 그'이다. 이것은 직접적인 담론 안에 간접적인 담론이 담겨있는 형태이다(Novakovic, 2020b: 19; 참고. Porter, 2005: 272). 문법적으로 이것은 ὁ χριστὸς(호 크리스토스, '그리스도')에 연결되거나, ὁ υἱὸς τοῦ θεοῦ(호 휘오스 투 쎄우, '하나님의 아들')에 연결되거나, 아니면 둘 다에 연결된다. 이 구절에서는 그리스도와 하나님의 아들이 동격으로 취급되므로 둘 다에 연결하는 것이 적절하다. 그런데 이 문구를 천주교 성경처럼 '세상에 오시기로 되어 있는'으로 번역하는 것이 의미를 잘 살린다. Zerwick도 이 문구를 'the one who was to come'으로 번역한다(Zerwick, 1996: 320).
17. πάρεστιν(파레스틴)을 개역개정은 '오셔서'라고 번역했다. 이 단어는 'be present' 혹은 'be here'라는 뜻이다(Zerwick, 1996: 321). 따라서 우리말 어감을 살려서 '오셨는데'로 번역하는 것이 좋다.
18. 헬라어 원문에는 '마리아'라는 이름이 없다.
19. 아오리스트 능동태 가정법 3인칭 단수 κλαύσῃ(클라우세)는 ἵνα(히나)와 결합하여 '울기 위해'이다. 개역개정은 이를 '곡하러'라고 번역했으나, 현대 우리말 어감을 고려하여 '울기 위해'로 번역한다.

로 생각하고 그녀를 따라갔다.
32 마리아는 예수님이 계신 곳에 가서 그분을 뵙고 그분의 발 앞에 엎
드려 "주님, 당신이 여기에 계셨더라면 제 오빠가 죽지 않았을 것입
니다."라고 말했다.
33 예수님께서 그녀가 우는 것과 또 그녀와 함께 온 유대인들이 우는 것
을 보시고, 심령에 비통히 여기시고[20] 괴로워하셨다.[21]
34 그분이 "그를 어디에 두었느냐?"라고 말씀하시니, 그들이 "주님, 오
셔서 보십시오."라고 말했다.
35 예수님께서 눈물을 흘리셨다.
36 이에 유대인들이 "보라, 그분이 얼마나 그를 사랑하셨는가."라고 말
했다.
37 그러나 그들 중 어떤 이들은 "시각장애인의 눈을 뜨게 하신 이분이
그는 죽지 않게 할 수 없었던가?"라고 말했다.
38 이에 예수님께서 다시 속으로 비통히 여기시며 무덤에 가셨다. 무덤
은 굴이었고, 돌로 막혀 있었다.
39 예수님께서 "그 돌을 옮겨 놓아라."라고 말씀하셨다. 그 죽은 자의

20. 아오리스트 중간태 직설법 3인칭 단수 ἐνεβριμήσατο(에네브리메사토)는 '그가 화를 냈다' 혹은 '그가 경고했다'라는 뜻이다. 신약에서는 요한복음에 나온 2번의 용례 외에, 3번 더 사용되었는데(마9:30; 막1:43; 14:5), 3번 모두 '경고하다'라는 뜻을 나타낸다(권해생, 2021: 389).

21. 아오리스트 능동태 직설법 3인칭 단수 ἐτάραξεν(에타락센)은 '그가 괴로워했다(NASB: 'was troubled')'이다. 개역개정은 이를 '불쌍히 여기사'로 번역했는데, 이는 오역이다.

누이 마르다가 "주님, 죽은 지가 나흘이 되어[22] 벌써 냄새가 납니다."
라고 말했다.
40 예수님께서 그녀에게 "네가 믿으면 하나님의 영광을 볼 것이라고 내
가 네게 말하지 않았느냐?"라고 말씀하셨다.
41 그러자 그들이 그 돌을 옮겨 놓았다. 예수님께서 눈을 들어 우러러보
시며 말씀하셨다. "아버지, 제 말을 들어주셔서 감사합니다.
42 항상 제 말을 들으시는 것을 제가 압니다. 그러나 제가 말씀드린 것
은 둘러선 무리를 위한 것인데, 아버지께서 저를 보내신 것을 그들
이 믿게 하려는 것입니다."
43 이렇게 말씀하신 후 그분은 큰 소리로 외치셨다. "나사로야, 나오
너라."
44 죽었던 자가 나왔는데, 손과 발은 천으로 감겨 있었고, 그의 얼굴은
수건으로 싸매져 있었다. 예수님께서 그들에게 말씀하셨다. "너희는
그를 풀어 주어서 다니게 하라."
45 마리아에게 왔다가 그분이 하신 일을 본 많은 유대인이 그분을 믿
었으나,
46 그들 중 어떤 자들은[23] 바리새인들에게 가서 예수님이 하신 일을 말
했다.
47 이에 대제사장들과 바리새인들이 공회를 소집하고 말했다. "이 사람

22. 헬라어 원문에는 τεταρταῖος(테타르타이오스)라고 되어 있는데, 이는 신약의 *hapax legomenon*으로, 'happening on the fourth day'라는 뜻이다 (Novakovic, 2020b: 29). 하지만 문맥을 고려할 때 위와 같이 번역한다.

23. τινὲς(티네스)는 개역개정처럼 단수 '어떤 자'가 아니라, 복수 '어떤 자들'이다.

이 많은 표적을 행하니 우리가 어떻게 해야 하겠느냐?
48 만일 우리가 그를 이대로 둔다면 모든 사람이 그를 믿을 것이며, 로
마인들이 와서 우리의 땅과 민족을 빼앗아 갈 것이다."
49 그들 중 한 사람인 그 해의 대제사장 가야바가 그들에게 말했다. "너
희는 아무것도 모르고 있다.
50 한 사람이 백성을 위하여 죽어서 온 민족이 망하지 않게 되는 것이
너희에게 유익하다는 것을 생각하지 않고 있다."
51 이 말은 그가 스스로 한 것이 아니라, 그가 그 해의 대제사장이므로
예수님이 그 민족을 위해서 죽으시고,
52 또 그 민족만을 위해서가 아니라 흩어진 하나님의 자녀들을 하나로
모으시기 위하여 죽으실 것을 예언한 것이다.
53 그래서 그날부터 그들은 그분을 죽이려고 모의했다.
54 그러므로 예수님께서 다시 유대인들 가운데 드러나게[24] 다니지 않으
시고, 그곳을 떠나 광야[25] 가까운 지방인 에프라임이라는 동네에 가
서 제자들과 함께 그곳에 머무르셨다.
55 유대인들의 유월절이 가까이 오자 많은 사람이 자기를 성결하게 하
려고 유월절 전에 지방에서[26] 예루살렘으로 올라갔다.
56 그들은 예수님을 찾다가 성전에 서서 서로 말했다. "너희는 어떻게

---

24. παρρησίᾳ(파레시아)에 대해서는 7:4의 설명을 참고하라.

25. 속격 τῆς ἐρήμου(테스 에레무)를 개역개정은 '빈 들'이라고 번역했으나, 유대의 지리 명칭에 따라 '광야'로 번역한다(참고. 1:23; 3:14; 6:31, 49).

26. 속격 명사 τῆς χώρας(테스 코라스)를 개역개정은 '시골에서'라고 번역했으나, 바른성경처럼 '지방에서(ESV: 'from the country')'라고 번역해야 한다.

생각하느냐? 그가 명절에 오지 않겠느냐?"
57 그러나 대제사장들과 바리새인들은 그분을 잡으려고 누구든지 그분
이 계신 곳을 알거든 보고하라는 명령을 내려 두었다.[27]

---

27. 완료 능동태 직설법 3인칭 복수 δεδώκεισαν …… ἐντολὰς(데도케이산 …… 엔톨라스)를 개역개정은 '명령하였음이러라'라고 번역했으나, 동사가 완료형이라는 점을 고려하여 바른성경과 천주교 성경처럼 '명령을 내려 두었다'로 번역하는 것이 의미를 잘 살린다.

요한복음 12장

1 유월절 엿새 전에 예수님께서 베타니아에 오셨는데, 이곳은 예수님께
서 죽은 자들 가운데서 살리신 나사로가 있는 곳이었다.
2 거기서 그들이 그분을 위하여 잔치를 베풀었는데, 마르다는 시중을
들고 있었고,[1] 나사로는 그분과 함께 식탁에[2] 앉은 자들 중에 있었다.
3 그런데 마리아는 지극히 비싼 순전한 나드 향유[3] 한 리트라를[4] 가져
다가 예수님의 두 발에 붓고 자기 머리털로 그분의 두 발을 닦아 드렸

---

1. 미완료 능동태 동사 διηκόνει(디에코네이)를 개역개정은 '일을 하고'로 번역했으나, 바른성경처럼 '시중을 들고 있었고'로 번역하는 것이 좋다(참고. 천주교 성경).
2. 헬라어 원문에 '식탁'이라는 명사는 없지만, 현재 중간태 분사 ἀνακειμένων(아나케이메논)은 '식탁에 비스듬히 앉아 있는' 것을 의미한다(참고. Zerwick, 1996: 323). 따라서 개역개정은 '식탁에'라는 단어를 넣지 않았으나, 바른성경과 천주교 성경은 넣었으며, ESV를 비롯한 많은 영어 성경도 이 단어('at the table')를 넣었다.
3. μύρου νάρδου πιστικῆς(뮈루 나르두 피스티케스)는 '순전한 나드로 만든 향유(ESV: 'ointment made from pure nard')'라는 뜻이다(Novakovic, 2020b: 45). 개역개정은 '향유 곧 순전한 나드'라고 번역했으나, 바른성경처럼 '순전한 나드 향유'로 번역하는 것이 낫다.
4. 대격 λίτραν(리트란)은 로마의 무게 단위(Roman pound)이다. 개역개정은 이 단어를 '한 근'으로 번역했으나, 이 책에서는 헬라어 원문 그대로 번역한다. 1리트라는 325g이다.

다. 그 집에 향유 냄새가 가득해졌다.

4 그분의 제자들 가운데 하나로 그분을 팔아넘길[5] 이스카리옷 유다가 말했다.

5 "어찌하여 이 향유를 삼백 데나리온에 팔아 가난한 자들에게 주지 않았는가?"

6 그가 이렇게 말한 것은 그가 가난한 자들을 생각했기 때문이 아니라 그가 도둑이었기 때문이다.[6] 그는 돈주머니를[7] 맡고 있으면서 거기 넣은 것들을 훔쳐 가곤 했다.[8]

---

5. 현재 능동태 부정사 παραδιδόναι(파라디도나이)는 '팔다' 혹은 '배신하다'라는 뜻을 가진다(참고. 6:64, 71). 이 단어와 분사 μέλλων(멜론, 'be about to')의 결합을 개역개정은 '잡아 줄'로 번역했으나, 이 책에서는 '팔아넘길'로 번역한다. ESV를 비롯한 상당수 영어 성경은 요한복음에서 이 단어를 줄곧 'betray'로 번역했다.
6. οὐχ ὅτι …… ἀλλ' ὅτι ……(우크 호티 …… 알 호티 ……, 'not this …… but that') 구문이므로 위와 같이 번역해야 한다.
7. 대격 τὸ γλωσσόκομον(토 글로쏘코몬)은 'money box', 'chest' 등을 의미한다(Zerwick, 1996: 323). 이 단어를 개역개정은 '돈궤'라고 번역했는데, 현실적으로 이스카리옷 유다가 돈이 든 '통'을 들고 다니지는 않았을 것이므로 '돈주머니'라고 보는 것이 적절하다(참고. 13:29). ESV는 이 단어를 'moneybag(돈주머니)'으로 번역했다. 바른성경과 천주교 성경도 '돈주머니'로 번역했다.
8. 분사와 미완료가 결합된 형태인 τὰ βαλλόμενα ἐβάσταζεν(타 발로메나 에바스타젠)은 '돈이 던져진 것을 그가 가져갔다'라는 뜻이다. 이는 이스카리옷 유다가 돈주머니에 든 돈을 종종 훔쳐 간 것을 의미한다(Novakovic, 2020b: 47; BDAG, 171.3).

7 예수님께서 말씀하셨다. "그녀를 그대로 두어[9] 나의 장례 날을 위하
여 그것을 간직하게 하라.
8 가난한 자들은 너희와 항상 함께 있지만, 나는 너희와 항상 함께 있
는 것이 아니다."
9 그분이 거기에 계신다는 것을 알고 유대인들의 큰 무리가 왔는데, 이
는 예수님 때문만이 아니라, 그분이 죽은 자들 가운데서 살리신 나사
로도 보려는 것이었다.
10 그러므로 대제사장들은 나사로까지 죽이려고 모의했는데,
11 이는 나사로 때문에[10] 많은 유대인이 떨어져 나가서[11] 예수님을 믿었
기 때문이다.
12 그 이튿날, 명절에 온 큰 무리가 예수님께서 예루살렘으로 오신다
는 말을 듣고,
13 종려나무 가지를 들고 그분을 맞으러 나가서 외쳤다.[12] "호산나, 찬

---

9. *ἄφες αὐτήν*(아페스 아우텐)을 개역개정은 '그를 가만 두어'로 번역했으나, '그녀를 그대로 두어'로 번역하는 것이 정확하다(참고. Harris, 2015: 225~26).

10. 헬라어 원문에는 '나사로'의 이름이 나오지 않고, *δι' αὐτὸν*(디 아우톤), 즉 '그로 인하여(ESV, NASB: 'because on account of him')'라고 되어 있다.

11. 미완료 능동태 직설법 3인칭 복수 *ὑπῆγον*(휘페곤)을 개역개정은 단순히 '가서'라고 번역하지만, 이는 이 단어의 의미를 충분히 살리지 못한다. Zerwick은 이 단어를 'withdraw', 'go off', 'leave'로 이해한다(Zerwick, 1996: 324). ESV와 NASB는 이 단어를 'were going'으로 번역하고, NRSV는 'were deserting'으로 번역한다. 우리말로는 '떨어져 나가서'라는 표현이 적합하다.

12. 미완료 능동태 직설법 3인칭 복수 *ἐκραύγαζον*(에크라우가존)은 무리가 계속해서 외친 것을 뜻한다.

송하리로다. 주님의 이름으로 오시는 분, 곧[13] 이스라엘의 왕이시여"
14 예수님께서 한 어린 나귀를 보시고 그 위에 앉으셨으니, 이는 성경
에 기록된 것과 같았다.[14]
15 "시온의 딸아, 두려워하지 마라. 보라. 너의 왕이 나귀 새끼를 타고
오신다."
16 그분의 제자들은 처음에 이 일들을 깨닫지 못했으나, 예수님께서 영
광을 얻으신 후에, 이것들이 그분에 대하여 기록된 것이며, 사람들이
그분께 이러한 일들을 행한 것임을 기억했다.
17 그리고 그분이 나사로를 무덤에서 불러내어 죽은 자들 가운데서 살
리실 때 함께 있었던 무리가 증언했다.
18 따라서 무리가 그분을 맞으러 나온 것은 그분이 이 표적을 행하셨다
는 말을 들었기 때문이다.
19 그러자 바리새인들이 서로 말했다. "보다시피, 너희가 하는 일이 아
무 유익이 없다. 보라. 세상이 그를 따라간다."
20 명절에 예배하러 올라온 자들 가운데에는 헬라인 몇 명이 있었다.
21 그들은 갈릴래아 베싸이다 출신 빌립에게 가서 "선생이여,[15] 우리가

---

13. '곧'에 해당하는 καὶ(카이)는 설명보족적 접속사(epexegetical conjunction)이다.

14. 헬라어 원문에서 '이는 성경에 기록된 것과 같았다'에 해당하는 καθώς ἐστιν γεγραμμένον(카쏘스 에스틴 게그람메논)은 12:14 후반부에 있다. 하지만 개역개정에는 12:15 앞부분에 있다.

15. 헬라어 원문에는 호격 κύριε(퀴리에)라고 되어 있으나, 문맥상 개역개정처럼 '선생이여'라고 번역하는 것이 좋다.

예수님을 뵙고 싶습니다."라고 청했다.
22 빌립이 안드레에게 가서 말하고, 안드레와 빌립이 예수님께 가서 말
씀드렸다.
23 예수님께서 그들에게 대답하셨다. "인자가 영광을 받을 때가 왔다.
24 진실로 진실로 내가 너희에게 말한다. 밀알 하나가 땅에 떨어져 죽지
않으면 한 알 그대로 있고, 죽으면 많은 열매를 맺는다.
25 자기 목숨을[16] 사랑하는 자는 잃을 것이고, 이 세상에서 자기 목숨을
미워하는 자는 영생에 이르도록 그것을 보존할 것이다.
26 누구든지[17] 나를 섬기려면 나를 따라오너라. 내가 있는 곳에 나를 섬
기는 자도 있을 것이다. 누구든지 나를 섬기면 아버지께서 그를 귀
하게 여기실 것이다."
27 "지금 내 마음이[18] 괴로우니, 내가 무슨 말을 하겠느냐? '아버지여,
나를 이때로부터 구하여 주십시오.'라고 하겠느냐?[19] 그러나 내가 이
것을 위하여 이때 왔다.
28 아버지여, 당신의 이름을 영광스럽게 하십시오." 그러자 하늘에서

---

16. 대격 τὴν ψυχὴν(텐 프쉬켄)을 개역개정은 '생명'이라고 번역했으나, 이 문맥에서 우리말 어감을 고려할 때 '목숨'이라고 번역하는 것이 타당하다. 바른성경과 천주교 성경도 '목숨'이라고 번역했다.

17. 개역개정이 '사람이'로 번역한 τις(티스)는 '누구든지(NRSV: 'whoever')'로 번역하는 것이 좋다.

18. 여기서 ἡ ψυχή(헤 프쉬케)는 문맥상 개역개정처럼 '마음'이라고 번역하는 것이 좋다.

19. 개역개정과 달리 이 문구를 위와 같이 번역하는 것이 옳다.

소리가 났다. "내가 이미 영광스럽게 하였고, 또다시 영광스럽게 할
것이다."
29 곁에 서서 들은 무리는 "천둥이 울렸다."라고 했으나, 다른 이들은 "천
사가 그분께 말했다."라고 했다.
30 예수님께서 대답하셨다. "이 소리가 난 것은 나를 위한 것이 아니라
너희를 위한 것이다.
31 이제 이 세상에 대한 심판이 이르렀고, 이 세상의 지배자가[20] 쫓겨
날 것이다.
32 내가 땅에서 들리면 모든 이들을 내게로 이끌 것이다."
33 그분은 이것을 말씀하심으로 자신이 어떻게 죽을 것인지를 보이셨
다.[21]
34 이에 무리가 그분께 대답했다. "우리는 율법에서 그리스도가 영원히
계신다고 들었는데, 당신은 어찌하여 인자가 들려야 한다고 말씀하
십니까? 이 인자는 누구입니까?"
35 예수님께서 그들에게 말씀하셨다. "아직 잠시 동안 빛이 너희 가운
데 있을 것이다. 너희에게 빛이 있는 동안에 너희는 다녀서 어둠이
너희를 덮치지[22] 못하게 하라. 어둠 속을 다니는 자는 자신이 어디로

---

20. *ὁ ἄρχων*(호 아르콘)을 개역개정은 '임금'이라고 번역했는데, 바른성경처럼 '지배자(ruler)'로 번역하는 것이 적절하다(참고. ESV; NASB; NRSV: 'ruler'; NIV: 'prince').

21. 현재 능동태 분사 *σημαίνων*(세마이논)을 개역개정은 '보이셨다'로 번역했는데(참고. 18:32), NASB와 NRSV는 'indicate'로 번역했다(참고. Zerwick, 1996: 326).

22. 아오리스트 능동태 가정법 3인칭 단수 *καταλάβῃ*(카탈라베)는 'seize',

가는지를 알지 못한다.
36 너희에게 빛이 있는 동안에 빛을 믿어라. 그리하면 빛의 아들들이 될
것이다." 예수님께서 이 말씀을 하시고 그들을 떠나 몸을 숨기셨다.[23]
37 그분이 이렇게 많은 표적을 그들 앞에서 행하셨으나, 그들은 그분
을 믿지 않았다.
38 이것은 선지자 이사야가 한 말이 이루어지려는 것이었다. 그는 이렇
게 말했다. "주님, 우리가 전한 것을[24] 누가 믿었으며, 주님의 팔이 누
구에게 나타났습니까?"
39 그러므로[25] 그들은 믿을 수 없었는데, 이사야가 또 이렇게 말했기 때
문이다.
40 "그분이 그들의 두 눈을 멀게 하시고, 그들의 마음을 완고하게 하셨
으니, 이는 그들이 두 눈으로 보지 못하고, 마음으로 깨닫지 못하고,

'overtake'라는 뜻이다(Zerwick, 1996: 326). 개역개정은 '붙잡다'로 번역했으나, 여기서는 어둠이라는 주체의 특성을 고려하여 천주교 성경처럼 '덮치다'로 번역한다.

23. ἐκρύβη(에크뤼베)는 아오리스트 수동태로서, '스스로 숨었다'라는 뜻이다. 따라서 천주교 성경처럼 '몸을 숨기셨다'라고 번역한다(참고. 8:59).

24. τῇ ἀκοῇ(테 아코에)의 의미를 Novakovic은 BDAG(36.4)를 인용하면서 'that which is heard', 'account, report, message'라고 했다(참고. Novakovic, 2020b: 72). Zerwick 역시 이 단어를 'hearing', 'report', 'word of preaching'이라고 했다(Zerwick, 1996: 326). 개역개정은 '들은 바'라고 번역했으나, 바른 성경과 천주교 성경은 '전한 것(말)'이라고 번역했다. 이 책에서는 문맥을 고려하여 '전한 것'이라고 번역한다.

25. '그러므로'는 διὰ τοῦτο(디아 투토, 'for this reason')를 번역한 것이다.

돌이키지 못하여, 내가 그들을 고쳐주는 일이 없게 하려는 것이다."[26]
41 이사야가 이렇게 말한 것은 그가 그분의 영광을 보았고 그분에 대하
여 말했기 때문이다.
42 그러나 관리들[27] 중에도 많은 사람이 그분을 믿었으나, 바리새인들
때문에 드러나게 고백하지 못했으니, 이는 그들이 회당에서 쫓겨날
까[28] 두려워했기 때문이며,
43 사람들에게서 받는 영광을 하나님에게서 받는 영광보다[29] 더 사랑
했기 때문이다.
44 예수님께서 큰 소리로 말씀하셨다. "나를 믿는 자는 나를 믿는 것이
아니라 나를 보내신 분을 믿는 것이며,

---

26. 이 구절에 대한 개역개정의 번역은 그 의미가 명확하지 않다. 위와 같이 번역해야 한다.

27. ἄρχων(아르콘)을 개역개정은 '관리'라고 번역했다(참고. 7:26, 48; 12:42; 14:30; 16:11). 이 문맥에서 이들이 누구를 가리키는지 정확히 알 수는 없다. 이 책에서도 '관리'라고 번역한다.

28. ἀποσυνάγωγος(아포쉬나고고스)는 형용사로서 문자적으로 '회당에서 쫓겨나는'이라는 뜻이다(참고. 9:22; 16:2). 개역개정은 이를 '출교'로 번역했다. 그러나 바른성경과 천주교 성경은 '회당에서 쫓겨날까(내쫓길까)'로 번역했다.

29. τὴν δόξαν τῶν ἀνθρώπων …… τὴν δόξαν τοῦ θεοῦ(텐 독산 톤 안쓰로폰 …… 텐 독산 투 쎄우)를 문자적으로 번역하면 '사람의 영광 …… 하나님의 영광'이다. 그러나 여기서 τῶν ἀνθρώπων과 τοῦ θεοῦ는 출처의 속격(genetive of source)이다(참고. Novakovic, 2020b: 75; Zerwick, 1996: 327). 따라서 이를 의역하여 천주교 성경처럼 '사람에게서 받는 영광'과 '하나님에게서 받는 영광'으로 번역하면 의미가 분명해진다. NASB는 이 구절에서 '영광'을 의미를 살려서 'approval(인정)'로 번역했다.

45 나를 보는 자는 나를 보내신 분을 보는 것이다.
46 나는 빛으로 세상에 왔으니, 나를 믿는 자는 누구나 어둠에 머무르
지 않게 하려는 것이다.
47 사람이 내 말을 듣고 지키지 않더라도 나는 그를 심판하지 않는다.
이는[30] 내가 온 것이 세상을 심판하려는 것이 아니라 세상을 구원하
려는 것이기 때문이다.
48 나를 거부하고[31] 내 말을 받아들이지 않는 자를 심판하시는 것이[32]
있으니, 곧 내가 한 그 말이 마지막 날에 그를 심판할 것이다.
49 이는 내가 스스로 말한 것이 아니라, 나를 보내신 아버지께서 말할
것과 이야기할 것을 친히 나에게 명령하셨기 때문이다.[33]
50 나는 그분의 계명이 영생임을 안다. 그러므로 내가 말하는 것은 아
버지께서 내게 말씀하신 그대로 하는 것이다."

---

30. 헬라어 원문에는 문두에 이유를 나타내는 접속사 *γὰρ*(가르)가 있다. 그러나 개역개정은 이를 감안하지 않고 번역했다.

31. 현재 능동태 분사 *ἀθετῶν*(아쎄톤)은 'reject'라는 뜻이다(BDAG, 24.2). 따라서 이를 '거부하고'로 번역한다. 개역개정은 '저버리고'로 번역했다.

32. 현재 능동태 분사 *τὸν κρίνοντα*(톤 크리논타)를 개역개정은 '하나님'으로 보아서 번역에 감안했다. 하지만 문맥을 고려할 때 이것은 '하나님'이 아니라, 이어지는 '말씀'이다. 따라서 이를 '심판하는 것'이라고 번역하는 것이 바람직하다. 바른성경은 '심판하실 분'이라고 번역했으나, 천주교 성경은 '심판하는 것'이라고 번역했다. ESV를 비롯한 많은 영어 성경은 'a judge'라고 번역했다.

33. 12:49는 *ὅτι*(호티, 'for')가 이끄는데, 이는 이 구절이 12:48의 이유임을 보여준다. 따라서 개역개정과 달리 위와 같이 번역해야 한다.

요한복음 13장

1 유월절 전, 예수님께서는 이 세상을 떠나 아버지께로 가셔야 할 자신
의 때가[1] 이른 줄 아시고, 세상에 있는 자기 사람들을 사랑하시되 끝
까지[2] 사랑하셨다.
2 저녁 먹을 때[3] 마귀가 이미 시몬의 아들 이스카리옷 유다의 마음에 그
분을 팔려는[4] 생각을 넣었다.
3 예수님은 아버지께서 모든 것을 자신의 손에 맡기신 것과 또 자신이
하나님께로부터 오셨다가 하나님께로 돌아가실 것을 아시고,
4 저녁 드시던 자리에서 일어나 겉옷을 벗고 수건을 가져다가 허리에
두르셨다.

---

1. *αὐτοῦ ἡ ὥρα*(아우투 헤 호라)는 '그분의 때(His hour)'이다. 개역개정은 '때'라고만 번역했는데, '그분의'라는 속격 인칭대명사를 붙이는 것은 신학적인 측면에서도 중요하다.
2. '끝까지(to the end)'에 해당하는 전치사구 *εἰς τέλος*(에이스 텔로스)는 'completely', 'totally', 'entirely', 'wholly', 'to the utmost', 'to the full'이라는 뜻을 가지고 있다(Novakovic, 2020b: 83; BDAG, 289.2, 3; Zerwick, 1996: 327).
3. *δείπνου γινομένου*(데이프누 기노메누)는 'during supper'라는 뜻이다(참고. 21:20). 헬라어 원문에는 이 문구가 13:2 앞에 있는데, 개역개정은 이것을 13:3 앞에 두었다.
4. *ἵνα*(히나)와 결합된 가정법 *παραδοῖ*(파라도이)는 목적을 의미한다. 이 단어의 의미에 대해서는 6:64의 설명을 보라.

5 그런 후[5] 대야에 물을 부어[6] 제자들의 발을 씻어 주시고, 그 두르신 수
건으로 닦기 시작하셨다.
6 그분이 시몬 베드로에게 오시니, 그가 그분께 "주님, 당신께서 제 두
발을 씻으십니까?"라고 말했다.
7 예수님께서 그에게 대답하셨다. "내가 하는 것을 네가 지금은 알지 못
하지만, 나중에는[7] 알게 될 것이다."[8]
8 베드로가 그분께 "제 두 발을 절대로[9] 씻기지 못하십니다."라고 말했
다. 예수님께서는 그에게 "내가 너를 씻어 주지 않으면 네가 나와 상
관이 없다."라고 대답하셨다.
9 시몬 베드로가 그분께 "주님, 제 두 발뿐 아니라 제 두 손과 머리도 씻
어 주십시오."라고 말했다.

---

5. '그런 후'는 부사 *εἶτα*(에이타, 'then')를 번역한 것이다. 개역개정은 '이에'라고 번역했다.
6. 현재 능동태 직설법 3인칭 단수 *βάλλει*(발레이)는 개역개정처럼 '뜨다'가 아니라, '붓다(pour)'이다.
7. 이 문맥에서 전치사구 *μετὰ ταῦτα*(메타 타우타)는 'hereafter', 'later on'이라는 뜻이다(Zerwick, 1996: 328). 개역개정은 이 단어를 '이후에'로 번역했으나, 이것이 예수님의 죽음과 부활 이후를 가리키므로(참고. Louw and Nida, 1988: 431), 천주교 성경처럼 '나중에는'으로 번역하는 것이 좋다.
8. *γνώσῃ*(그노세)가 미래 중간태이므로 개역개정처럼 '알리라'보다 '알게 될 것이다'로 번역하는 것이 적절하다.
9. 헬라어 원문에는 전치사구 *εἰς τὸν αἰῶνα*(에이스 톤 아이오나)가 있는데, 이 문맥에서 이 뜻은 'never'이다(Novakovic, 2020b: 88). 따라서 개역개정처럼 '절대로'라고 번역할 수 있다.

10 예수님께서 그에게 "목욕한 자는 온몸이 깨끗하니 두 발만 씻으면
된다. 너희가 깨끗하나 모두는 아니다."라고 말씀하셨다.
11 이는 그분이 자기를 팔 자를 알고 계셨기 때문이다. 그러므로 그분은
"너희 모두가 깨끗한 것은 아니다."라고 말씀하신 것이다.
12 그분이 그들의 발을 씻겨 주신 후에 겉옷을[10] 입으시고 다시 앉으셔
서 그들에게 말씀하셨다. "내가 너희에게 한 일을 너희가 알겠느냐?
13 너희가 나를 '선생님' 또는 '주님'이라고 부르니, 너희 말이 옳다. 내
가 그러하다.
14 내가 주이며 선생으로서 너희 발을 씻겨 주었으니, 너희도 서로 발
을 씻겨 주어야 한다.
15 내가 너희에게 행한 것같이 너희도 행하라고 내가 너희에게 본을 보
였다.
16 진실로 진실로 내가 너희에게 말한다. 종이 그의 주인보다 크지 못하
고, 보냄을 받은 자가 그를 보낸 자보다 크지 못하다.
17 너희가 이것들을 알고 그대로 행하면 복이 있다.
18 내가 너희 모두를 가리켜 말하는 것은 아니다. 나는 내가 택한 자들
이 누구인지 안다. 그러나 '내 빵을[11] 먹는 자가 나에게 그의 발꿈치

---

10. 대격 복수 τὰ ἱμάτια(타 히마티아)는 '겉옷'이다. 개역개정은 13:4에서 이 단어를 '겉옷'이라고 번역했는데, 여기서는 '옷'이라고 번역했다. 따라서 이를 '겉옷'이라고 일관되게 번역해야 한다.

11. 개역개정에서 '떡'이라고 번역된 ἄρτος(아르토스)를 이 책에서는 '빵'이라고 번역한다(참고. 6:5의 설명).

를 치켜들었다.'[12]라고 한 성경이 이루어질 것이다.
19 내가 지금[13] 일이 일어나기 전에 너희에게 미리 일러두는 것은, 일이
일어날 때 내가 그인 것을 너희가 믿게 하려는 것이다.
20 진실로 진실로 내가 너희에게 말한다. 내가 보내는 이를 영접하는
자는 나를 영접하는 것이고, 나를 영접하는 자는 나를 보내신 분을
영접하는 것이다."
21 예수님께서 이 말씀을 하시고 심령에 괴로워하시며 증언하셨다. "진
실로 진실로 내가 너희에게 말한다. 너희 중 하나가 나를 팔 것이다."
22 제자들은 그분이 누구를 두고 말씀하신 것인지를 몰라 어리둥절하
여[14] 서로를 바라보고 있었다.[15]
23 그분의 제자 중 하나, 곧 예수님께서 사랑하시는 자가 예수님의 품

---

12. 아오리스트 능동태 직설법 3인칭 단수 ἐπῆρεν(에페렌)을 개역개정은 '들었다'로 번역했는데, 문맥을 고려하고 의미를 살리려면 천주교 성경처럼 '치켜들었다'로 번역하는 것이 좋다.
13. ἀπ' ἄρτι(아프 아르티)는 문자적으로 '지금부터(from now on)'이지만, 여기서는 '지금(now)'이라는 뜻이다(Zerwick, 1996: 329; 참고. Novakovic, 2020b: 97). ESV와 NRSV는 이 어구를 'now'로 번역했다.
14. 현재 중간태 분사 ἀπορούμενοι(아포루메노이)는 'be at a loss', 'be in doubt'라는 뜻이다(Zerwick, 1996: 329). 개역개정은 이를 '의심하더라'로 번역했다. 하지만 문맥을 고려할 때 천주교 성경처럼 '어리둥절하여'로 번역하는 것이 적절하다.
15. ἔβλεπον(에블레폰)은 미완료이므로 개역개정의 '보며'가 아니라 '바라보고 있었다'로 번역한다.

에 기대어 앉아 있었다.[16]
24 시몬 베드로가 그에게 머릿짓을 하여, 그분이 말씀하시는 자가 누구
인지를 여쭈어보라고 했다.
25 그가 예수님의 가슴에 그대로 기댄 채[17] 그분께 "주님, 그가 누구입
니까?"라고 말했다.
26 예수님께서 대답하셨다. "내가 빵 조각을 적셔서 주는 자가 바로 그
자이다." 그리고 그분은 빵 조각을 적셔서 이스카리옷 시몬의 아들
유다에게 주셨다.[18]
27 그가 빵 조각을 받은 후, 곧 사탄이 그에게 들어갔다. 이에 예수님께
서 유다에게 "네가 하려는 일을 속히 하라."라고 말씀하셨다.
28 식탁에 기대어 앉은 자들 가운데 그분이 그에게 왜 이런 말씀을 하
셨는지 아는 자가 없었다.
29 어떤 이들은 유다가 돈주머니를[19] 맡았으므로 예수님이 그에게 "명

---

16. 현재 중간태 분사 *ἀνακείμενος*(아나케이메노스)는 'to recline'이라는 뜻이다. 이것은 옆으로 비스듬히 기대는 것을 의미하는데, 당시에 식사할 때의 자세였다. 따라서 개역개정의 '누웠다'라는 말보다 '기대어 앉았다'라는 말이 적합하다.
17. 아오리스트 능동태 분사 *ἀναπεσὼν*(아나페손)을 개역개정은 '의지하여'라고 번역했으나, 이 단어를 '기대어(앉아서)'라고 번역하는 것이 좋다(참고. 6:10). 이 책에서는 이 단어가 아오리스트 능동태 분사인 것을 고려하여 바른성경처럼 '기댄 채'로 번역한다.
18. 비잔틴 사본과 UBS5는 이 구절을 조금 다르게 표기한다. 하지만 우리말 번역에는 큰 차이가 없다. 이 책은 UBS5에 근거하여 위와 같이 번역한다.
19. 대격 *τὸ γλωσσόκομον*(토 글로쏘코몬)을 개역개정은 '돈궤'라고 번역했지만, 이 책에서는 '돈주머니'라고 번역한다. 이를 위해 12:6의 설명을 보라.

절에 우리에게 필요한 것들을 사라."라고 하시거나, 혹은 "가난한 자
들에게 무엇을 주라."라고 하시는 줄로 생각했다.
30 그는 그 빵 조각을 받고 바로[20] 나갔다. 그리고 밤이었다.
31 그가 나간 후에 예수님께서 말씀하셨다. "이제 인자가 영광을 받았
고, 하나님도 그(인자)로 말미암아 영광을 받으셨다.
32 만일 하나님이 그(인자)로 말미암아 영광을 받으셨다면,[21] 하나님도
자기로 말미암아 그에게 영광을 주실 것이니, 즉시 그에게 영광을
주실 것이다.
33 얘들아,[22] 내가 조금 더[23] 너희와 함께 있을 것이다. 너희가 나를 찾
을 것이나, 내가 전에 유대인들에게 '내가 가는 곳에 너희는 올 수 없
다.'라고 말한 것처럼, 지금 너희에게도 말한다.
34 새 계명을 내가 너희에게 준다. 너희는 서로 사랑하라. 내가 너희를

---

20. 부사 *εὐθύς*(유쒸스)를 개역개정은 '곧'이라고 번역했는데, 우리말 어감상 '바로(immediately)'라고 번역하는 것이 좋다.

21. *εἰ ὁ θεὸς ἐδοξάσθη ἐν αὐτῷ*에 대해서 사본학적인 논란이 있으나, 다수사본과 UBS5는 이 문구를 모두 표기한다.

22. 호격 복수 *τεκνία*(테크니아)를 개역개정은 '작은 자들아'라고 번역했다. 이 단어는 'little child'라는 뜻으로(Zerwick, 1996: 330), 제자들을 친근하게 부르는 호칭이다. 요한복음에는 이 단어가 이곳에만 나오지만, 요한일서에는 자주 나온다(예. 2:1, 12, 28; 3:18; 4:4; 5:21). 따라서 우리말 어감을 살려서 천주교 성경처럼 '얘들아'라고 번역하는 것이 더 낫다.

23. *ἔτι μικρὸν*(에티 미크론)을 NASB는 'a little while longer'라고 번역했다. 이 책에서도 '조금 더'라고 번역한다. 개역개정은 '아직 잠시'라고 번역했으나, 문맥에 어울리지 않는다.

사랑한 것같이 너희도 서로 사랑하라.
35 너희가 서로 사랑하면, 이로써 모든 사람이 너희가 내 제자들인 줄
알 것이다."
36 시몬 베드로가 그분께 "주님, 어디로 가십니까?"라고 말했다. 예수
님께서 그에게 "내가 가는 곳에 네가 지금은 따라올 수 없으나 나중
에는[24] 따라올 것이다."라고 대답하셨다.
37 베드로가 그분께 말했다. "주님, 제가 지금은 어찌하여 당신을 따
라갈 수 없습니까? 제가 주님을 위하여 제 목숨을 내놓겠습니다."[25]
38 예수님께서 대답하셨다. "네가 나를 위하여 네 목숨을 내놓겠느냐?
진실로 진실로 내가 너에게 말한다. 닭 울기 전, 네가 세 번 나를 부
인할 것이다."

---

24. ὕστερον(휘스테론, 'later')을 개역개정은 '후에는'이라고 번역했으나, 우리말 어감을 고려하여 바른성경과 천주교 성경처럼 '나중에는'으로 번역한다.

25. 미래 능동태 직설법 1인칭 단수 θήσω(쎄소)를 개역개정은 '버리겠나이다'로 번역했으나, 이 책에서는 '내놓겠습니다'로 번역한다. 이 단어의 의미에 대해서 10:11의 설명을 참고하라.

요한복음 14장

1 "너희 마음이 근심하지 않게 하라.[1] 하나님을 믿고[2] 또 나를 믿어라.
2 내 아버지 가정에[3] 거주할 곳들이[4] 많다. 그렇지 않으면 내가 너희에
게 '내가 너희가 있을 곳을[5] 준비하러 간다.'라고 말했겠느냐?[6]

---

1. 현재 수동태 명령법 3인칭 단수 *ταρασσέσθω*(타라쎄스쏘)를 개역개정은 능동태로 바꾸어서 번역했는데, 수동태로 번역해야 한다(참고. 11:33의 번역). 이 단어는 14:27에 다시 나온다.
2. 등위 접속사 *καὶ*(카이)는 개역개정의 '믿으니'보다, '믿고'라고 번역하는 것이 낫다(참고. Harris, 2015: 255). 개역개정도 난하주에 '또는 믿고'라는 언급을 달아 놓았다.
3. 개역개정에 '집'으로 번역된 *οἰκία*(오이키아)는 '집(house)'을 의미할 수도 있고, '가정(household)'을 뜻할 수도 있다. 이 책에서는 14장이 '가정 은유'의 관점에서 서술되었다고 보면서, 이 단어를 '가정'으로 번역한다. 이어지는 설명을 보라.
4. 복수형 *μοναὶ*(모나이)의 원형 *μονή*(모네)는 '방(room)' 혹은 '거주할 곳(abode)'이라는 뜻이다. 이 단어는 14:23에서 대격 단수형(*μονὴν*)으로 한 번 더 나온다. 이것은 요한복음에 자주 등장하는 '가정 은유'이다. 이것은 큰 집에 거주할 방이 많은 이미지를 떠 올린다(Harris, 2015: 255를 보라).
5. 대격 명사 *τόπον*(토폰, 'place')을 개역개정은 '거처'라고 번역했다. 하지만 이것을 문자 그대로 '곳'이라고 번역하는 것이 좋다.
6. 개역개정과 달리 이 문장을 의문문으로 보아야 한다(참고. Novakovic, 2020b: 115). ESV는 'If it were not so, would I have told you that I go to prepare a place for you?'로 번역했고, NIV와 NRSV도 의문문으로 번역했다. 바른성경과 천주교 성경도 마찬가지이다.

3 내가 가서 너희가 있을 곳을 준비하면, 내가 다시 와서 너희를 내게로
영접하여, 내가 있는 곳에 너희도 있게 하겠다.
4 너희는 내가 어디로 가는지 그 길을 알고 있다."
5 도마가 그분께 말했다. "주님, 저희는 당신이 어디로 가시는지 알지
못하는데, 어떻게 그 길을 알 수 있겠습니까?"
6 예수님께서 그에게 말씀하셨다. "나는 길이고 진리이며 생명이다.[7] 나
로 말미암지 않고서는 아무도 아버지께 가지 못한다.
7 너희가 나를 알았다면,[8] 내 아버지도 알게 될 것이다.[9] 이제부터는 너
희가 그분을 알고[10] 또 그분을 보았다."
8 빌립이 그분께 말했다. "주님, 아버지를 저희에게 보여주십시오. 그러
면 저희가 만족하겠습니다."
9 예수님께서 그에게 말씀하셨다. "빌립아, 내가 이렇게 오랫동안 너희
와 함께 있었는데, 너는 나를 알지 못하느냐? 나를 본 자는 아버지를

---

7. 이 문장의 의미에 관한 논의를 위하여, Harris, 2015: 256을 보라.
8. 다수사본은 과거완료 ἐγνώκειτέ(에그코케이테)를 채택했으나, UBS5는 완료 ἐγνώκατέ(에그노카테)를 채택했다. 하지만 우리말로 번역할 때는 차이가 없다. 이것은 ESV와 NKJV에서 'if you had known me'로 번역되었다. 그리고 이 동사는 2인칭 복수이다. 이는 예수님께서 여기서부터 제자들 전체를 향해서 말씀하신다는 사실을 알려준다.
9. 미래 중간태 직설법 2인칭 복수 γνώσεσθε(그노세스쎄)는 개역개정처럼 '알았으리로다'로 번역하기보다, 천주교 성경처럼 '알게 될 것이다'로 번역하는 것이 바람직하다.
10. γινώσκετε(기노스케테)는 현재형이므로 개역개정의 '알았고'와 달리 '알고'로 번역해야 한다.

본 것이다. (그런데) 너는 어찌하여 '저희에게 아버지를 보여주십시
오.'라고 말하느냐?
10 내가 아버지 안에 있고 아버지께서 내 안에 계시는 것을 네가 믿지
않느냐? 내가 너희에게 하는 말들은 나 스스로 하는 것이 아니라 내
안에 계시는 아버지께서 그분의 일을 하시는 것이다.[11]
11 내가 아버지 안에 있고 아버지께서 내 안에 계심을 믿어라. 그렇지 못
하겠거든 그 일들 자체를 통해서라도 믿어라.[12]
12 진실로 진실로 내가 너희에게 말한다. 나를 믿는 자는 내가 하는 일
들을 그도 할 것이며, 이것들보다 더 큰 일들을 할 것이니, 이는 내가
아버지께로 가기 때문이다.
13 너희가 내 이름으로 구하는 것은 무엇이든지 내가 행할 것이니, 이는
아버지께서 아들로 말미암아 영광을 받으시게 하려는 것이다.
14 너희가 내 이름으로 무엇이든지 내게 구하면 내가 행하겠다.
15 너희가 나를 사랑하면, 나의 계명들을 지킬 것이다.
16 내가 아버지께 구할 것이니, 그분이 다른 보혜사를[13] 너희에게 주셔

---

11. *ὁ δὲ πατὴρ ἐν ἐμοὶ μένων ποιεῖ τὰ ἔργα αὐτου*(호 데 파테르 엔 에모이 메논 포이에이 타 에르가 아우투) 구문은 개역개정처럼 '아버지께서 내 안에 계셔서 그의 일을 하시는 것이라'가 아니라, 위와 같이 번역해야 한다. ESV는 'the Father who dwells in me does his works.'라고 번역했다.

12. 전치사구 *διὰ τὰ ἔργα αὐτὰ*(디아 타 에르가 아우타)를 직역하면 '그 일들 자체를 통해서'이다. 하지만 개역개정은 '행하는 그 일로 말미암아'라고 번역했다.

13. *παράκλητος*(파라클레토스)는 요한복음에서 네 번 나온다(14:16, 26; 15:26; 16:7). 이 단어를 우리말로 번역하는 일은 쉽지 않다. 이 단어는 'advocate', 'helper', 'comforter'라는 뜻이다(Zerwick, 1996: 331). 개역개정과 바른성경

서 영원히 너희와 함께 계시게 하실 것이다.
17 그분은 진리의 영이시다. 세상은 그분을 받아들일 수 없으니 이는 세
상이 그분을 보지도 못하고 알지도 못하기 때문이다. (그러나) 너희
는 그분을 안다. 이는 그분이 너희와 함께 머무르시고 또 너희 속에
계실 것이기 때문이다.
18 나는 너희를 고아처럼 버려두지 않고 너희에게 올 것이다.
19 조금 있으면 세상은 나를 더 이상 보지 못할 것이지만,[14] 너희는 나를
볼 것이니, 이는 내가 살아 있고 너희도 살아 있을 것이기 때문이다.
20 그날, 내가 내 아버지 안에, 너희가 내 안에, 내가 너희 안에 있는 것
을 너희가 알 것이다.
21 내 계명들을 가지고[15] 그것들을 지키는 자가 나를 사랑하는 자이다.
나를 사랑하는 자는 내 아버지께 사랑을 받을 것이며, 나도 그를 사
랑하고 그에게 나를 나타낼 것이다."
22 이스카리옷 사람 아닌 유다가 그분께 말했다. "주님, 자신을 저희에

은 '보혜사'로 번역했고, 천주교 성경은 '보호자'로 번역했다. ESV와 NASB는 'helper'로 번역했고, NIV와 NRSV는 'advocate'로 번역했다. 이 책에서는 개역개정을 따라 '보혜사'로 번역한다.

14. Novakovic은 θεωρεῖ(쎄오레이, '보다')를 미래적 현재(futuristic present)라고 말했다(Novakovic, 2020b: 129). 따라서 이 단어를 미래형으로 번역한다. 대부분의 한글 성경과 영어 성경도 이 단어를 미래형으로 번역했다.

15. 헬라어 원문에는 '가지고'에 해당하는 현재 능동태 분사 ἔχων(에콘)이 있으나, 개역개정은 이를 번역하지 않았다. Novakovic은 이 단어의 의미를 'to grasp firmly with the mind'라고 설명했다(Novakovic, 2020b: 131).

게는 나타내려 하시면서[16] 세상에는 그렇게 하지 않으십니까?"[17]
23 예수님께서 그에게 대답하셨다. "누구든지 나를 사랑하면 내 말을
지킬 것이다. 그러면 내 아버지께서 그를 사랑하실 것이며, 우리가
그에게로 가서 그와 함께 거주할 것이다.[18]
24 나를 사랑하지 않는 자는 내 말을 지키지 않는다. 너희가 듣고 있는
말은 내 말이 아니라 나를 보내신 아버지의 말씀이다.
25 내가 너희와 함께 있는 동안에 나는 너희에게 이것들을 말했다.
26 그러나 보혜사,[19] 곧 아버지께서 내 이름으로 보내실 성령께서 너희
에게 모든 것을 가르치시고 내가 너희에게 말한 모든 것을 생각나
게 하실 것이다.

---

16. 현재 능동태 직설법 2인칭 단수 μέλλεις(멜레이스)는 'you intend'라는 뜻이다 (Zerwick, 1996: 331). 따라서 이 단어를 '나타내려 한다'라고 번역해야 한다. 개역개정은 단순히 '나타내시고'라고 번역했다.

17. 이 문장은 τί γέγονεν ὅτι(티 게고넨 호티)가 이끈다. Zerwick은 이 문장을 유다의 질문이라고 말했다(Zerwick, 1996: 331). Novakovic은 καὶ(카이)가 원본에 있었다면, 이 문장이 질문이 된다고 주장했다(Novakovic, 2020b: 132). 따라서 ESV와 NRSV처럼 'how is it that ……'으로 번역해야 한다. 천주교 성경도 이와 유사하게 번역했다.

18. μονὴν παρ' αὐτῷ ποιησόμεθα(모넨 파르 아우토 포이에소메싸)를 직역하면 NASB처럼 'we will make our abode with him.'이다(참고. Zerwick, 1996: 331). 개역개정은 이를 '우리가 …… 거처를 그와 함께 하리라'라고 번역했다. 대격 단수 μονὴν(모넨)은 이미 14:2에 주격 복수형(μοναὶ)으로 나온 적이 있다. 이곳에서는 이 문구를 의역하여 '우리가 …… 그와 함께 거주할 것이다'로 번역하는 것이 의미를 잘 살린다.

19. παράκλητος(파라클레토스)의 의미에 대해서 14:16의 설명을 보라.

27 내가 너희에게 평안을 남겨 준다.[20] 곧 나의 평안을 너희에게 준다.
내가 너희에게 주는 것은 세상이 주는 것과 같지 않다. 너희 마음이
근심하지 않게 하고,[21] 두려워하지도 말라.
28 내가 너희에게 '내가 갔다가 너희에게로 온다.'라고 말한 것을 너희
는 들었다. 너희가 나를 사랑했더라면 내가 아버지께 가는 것을 너희
가 기뻐했을 것이다. 이는 아버지가 나보다 크시기 때문이다.[22]
29 이제 일이 일어나기 전에 내가 너희에게 말한 것은 일이 일어날 때
너희가 믿게 하려는 것이다.
30 내가 더 이상 너희와 말을 많이 하지 않을 것이다. 이는 이 세상의
지배자가[23] 오고 있기 때문이다. 그러나 그는 내게 아무런 권한이 없
다.[24]

---

20. 현재 능동태 직설법 1인칭 단수 *ἀφίημι*(아피에미)는 '남겨 준다(leave)'라는 뜻이다(Zerwick, 1996: 331). BDAG는 이 단어를 'to have something continue or remain in a place'라고 설명했다(BDAG, 156.4). 개역개정은 이 단어를 '끼치노니'라고 번역했다.

21. *μὴ ταρασσέσθω ὑμῶν ἡ καρδία*(메 타라쎄스쏘 휘몬 헤 카르디아)는 14:1의 *μὴ ταρασσέσθω ὑμῶν ἡ καρδία*와 정확히 일치한다. 14:1의 설명을 참고하라.

22. 헬라어 원문에는 이 구절의 마지막 문장이 이유를 나타내는 *ὅτι*(호티)로 시작되기 때문에 이 문장 전체를 위와 같이 번역해야 한다.

23. *ὁ ἄρχων*(호 아르콘)을 개역개정은 '임금'이라고 번역했는데, '지배자(ruler)'로 번역하는 것이 좋다(참고. ESV, NASB, NRSV: 'ruler'; NIV: 'prince'). 12:31의 설명을 참고하라.

24. *ἐν ἐμοὶ οὐκ ἔχει οὐδέν*(엔 에모이 우크 에케이 우덴)을 직역하면 NASB처럼 'he has nothing in me.'이다. 이것을 의미를 살려서 ESV는 'he has no claim on me.'라고 번역했고, NRSV는 'he has no power over me.'라고 번역했다.

31 그러나[25] 내가 아버지를 사랑하는 것과 아버지께서 내게 명령하신
대로 내가 행하는 것을 세상이 알게 하려는 것이다. 일어나라, 여기
를 떠나자."

개역개정은 이 문구를 '그는 내게 관계할 것이 없으니'라고 번역했으나, 바른성경과 천주교 성경처럼 '그는 내게 아무런 권한이 없다'라고 번역하는 것이 적절하다.

25. '그러나'는 문두의 ἀλλά(알라)를 번역한 것이다. 개역개정은 이를 '오직'이라고 번역했다.

요한복음 15장

1 "나는 참포도나무이고, 내 아버지는 농부이시다.
2 내 안에 있으면서 열매를 맺지 않는 모든 가지는 그분(아버지)이 제
거해 버리시고, 열매를 맺는 모든 가지는 더 많은 열매를 맺도록 깨
끗이 손질하신다.[1]
3 너희는 내가 너희에게 말한 말로 이미 깨끗해졌다.
4 내 안에 거하라. 나도 너희 안에 거하겠다. 가지가 포도나무에 붙어
있지 않으면 스스로 열매를 맺을 수 없는 것같이, 너희도 내 안에 거
하지 않으면 (열매를 맺을 수) 없다.
5 나는 포도나무이고, 너희는 가지들이다. 그가 내 안에 거하고, 내가 그
안에 (거하면), 그는 열매를 많이 맺나니, 이는 나를 떠나서는 너희가
아무것도 할 수 없기 때문이다.
6 누구든지 내 안에 거하지 않으면, 그는 (잘린) 가지처럼[2] 밖에 버려져
마르게 된다. 사람들이 그것들을 모아다가 불에 던져 태운다.
7 너희가 내 안에 거하고 내 말이 너희 안에 거하면, 너희가 원하는 것

---

1. 현재 능동태 직설법 3인칭 단수 *καθαίρει*(카싸이레이)는 'to make clean', 'prune'이라는 뜻이다. 이 단어의 의미를 드러내기 위해서 '깨끗이 손질하신다'로 번역한다.
2. *τὸ κλῆμα*(토 클레마)는 그냥 '가지(a branch)'를 가리키지만, 문맥상 '잘린 가지'를 뜻하므로 천주교 성경처럼 위와 같이 번역한다.

을 무엇이든지 구하라. 그러면 너희에게 이루어질 것이다.
8 너희가 열매를 많이 맺어 내 제자가 되면, 이로써 내 아버지께서 영
광을 받으실 것이다.[3]
9 아버지께서 나를 사랑하신 것같이 나도 너희를 사랑했다. 너희는 내
사랑 안에 거하라.
10 내가 내 아버지의 계명들을[4] 지켜서 그분의 사랑 안에 거하는 것같
이, 너희가 내 계명들을 지키면 내 사랑 안에 거할 것이다.
11 내가 이것들을 너희에게 말한 것은 내 기쁨이 너희 안에 있고, 또 너
희 기쁨을 충만하게 하려는 것이다.
12 내 계명은 이것이니, 내가 너희를 사랑한 것같이 너희도 사랑하라
는 것이다.
13 사람이 친구들을 위하여 자기 목숨을 내놓는 것보다 더 큰 사랑은
없다.
14 내가 너희에게 명령한 것을 행하면 너희는 내 친구이다.
15 내가 더 이상 너희를 종이라 부르지 않으니, 종은 그의 주인이 하는
것을 알지 못하기 때문이다. 나는 너희를 친구라 불렀으니, 이는 내
가 내 아버지께 들은 모든 것을 너희에게 알려 주었기 때문이다.
16 너희가 나를 택한 것이 아니라 내가 너희를 택하여 세웠으니, 이는
너희가 가서 열매를 맺고 또 너희 열매가 항상 있게 하여, 너희가 내

---

3. 이 구절에 대한 개역개정의 번역은 잘못되었다. 위와 같이 번역해야 한다. ESV는 다음과 같이 번역했다. 'By this my Father is glorified, that you bear much fruit and so prove to be my disciples.'

4. 이 구절에서 '계명'에 해당하는 ἐντολή(엔톨레)는 복수형(계명들)으로 되어 있다.

이름으로 아버지께 무엇을 구하든지 그분이 너희에게 주시게 하려
는 것이다.[5]
17 내가 너희에게 이것을 명령하는 것은 너희로 서로 사랑하게 하려는
것이다.
18 세상이 너희를 미워하거든, 너희보다 먼저 나를 미워했다는 것을
알라.
19 너희가 세상에 속했으면 세상이 자기 것을 사랑할 것이다. 그러나 너
희는 세상에 속하지 않고, 도리어 내가 너희를 세상으로부터 택했으
므로 세상이 너희를 미워한다.
20 내가 너희에게 '종이 자기 주인보다 크지 않다.'라고 한 말을 기억하
라. 그들이 나를 박해했으면[6] 너희도 박해할 것이고, 그들이 내 말을
지켰으면 너희 말도 지킬 것이다.
21 그러나 그들은 내 이름 때문에 이 모든 일을 너희에게 행할 것이니,
이는 그들이 나를 보내신 분을 알지 못하기 때문이다.
22 내가 와서 그들에게 말하지 않았다면 그들에게 죄가 없었을 것이나,
지금은 그들이 자신들의 죄를 변명할[7] 수 없다.

---

5. *δῷ ὑμῖν*(도 휘민)을 개역개정은 '다 받게 하려 함이라'라고 번역했다. 그러나 이 문구는 *ἵνα*(히나)와 가정법 동사가 결합하여 '그분이 너희에게 주시게 하려는 것이다'라는 뜻이다. 바른성경과 천주교 성경은 이 책에서와 같이 번역했다.
6. **εἰ ἐμὲ ἐδίωξαν**(에이 에메 에디옥산)을 직역하면 '그들이 나를 박해했으면'이다. 개역개정은 이를 '사람들이 나를 박해하였은즉'이라고 번역했다.
7. **πρόφασιν**(프로파신)은 'pretext', 'excuse'라는 뜻이다(Zerwick, 1996: 333). 개역개정은 이 단어를 '핑계'라고 번역했으나, 우리말 어감을 고려하여 '변명'이라

23 나를 미워하는 자는 내 아버지도 미워한다.
24 내가 아무도 하지 못한 일들을 그들 가운데서 행하지 않았다면 그
들에게 죄가 없었을 것이나, 지금은 그들이 나와 내 아버지를 보았
고 또 미워했다.
25 그러나 이는 그들의 율법에 '그들이 이유 없이 나를 미워했다.'라고
기록된 말씀을 이루려는 것이다.
26 내가 아버지께로부터 너희에게 보낼 보혜사,[8] 곧 아버지께로부터 나
오시는 진리의 영이 오실 때 그분이 나에 대해서 증언하실 것이며,
27 너희도 처음부터 나와 함께 있었으므로 증언할 것이다."[9]

고 번역한다.

8. παράκλητος(파라클레토스)의 의미에 대해서 14:16의 설명을 보라.

9. μαρτυρεῖτε(마르튀레이테)는 미래적 현재형(a futuristic present)이므로 '증언할 것이다'로 번역한다(참고. Novakovic, 2020b: 164). 바른성경과 천주교 성경이 미래형으로 번역했고, ESV와 NASB도 'you will bear witness.'라고 번역했다.

요한복음 16장

1 "내가 너희에게 이것들을[1] 말한 것은 너희가 걸려 넘어지지[2] 않게 하
려는 것이다.
2 사람들이 너희를 회당에서 내쫓을 것이다.[3] 참으로,[4] 너희를 죽이는
자마다 그가 하나님을 섬기고 있다고 생각할 때가 온다.
3 그들이 이런 일들을 할 것은 그들이 아버지와 나를 알지 못하기 때

---

1. 개역개정에 대격 단수형 '이것을'으로 번역된 헬라어는 대격 복수형 ταῦτα(타우타)이다. 따라서 '이것들을'로 번역해야 한다.
2. 아오리스트 수동태 가정법 2인칭 복수 σκανδαλισθῆτε(스칸달리스쎄테)는 ἵνα(히나)와 결합하여 목적을 나타낸다. 이 단어는 개역개정에 '실족하다'라고 번역되어 있다. 하지만 이 단어의 의미는 '죄를 짓게 하다(cause to sin)' 혹은 '걸려 넘어지게 하다(cause to stumble)'이다(Zerwick, 1996: 334; BDAG, 926.1). 이 단어는 공관복음에 자주 나오지만, 요한복음에서 6:61과 이곳에만 나온다.
3. ἀποσυναγώγους(아포쉬나고구스)는 형용사로서 문자적으로 '회당에서 쫓아내는'이라는 뜻이다(참고. 9:22; 12:42). 개역개정은 이를 '출교할'이라고 번역했다. 그러나 바른성경과 천주교 성경은 '회당에서 내쫓을'이라고 번역했다. 9:22의 설명을 보라.
4. '참으로'는 ἀλλὰ(알라)를 번역한 것이다. 여기서 이 단어는 대조를 의미하지 않는다. Novakovic은 BDAG(448.6)를 인용하면서 이 단어의 의미를 'an additional point in an emphatic way'라고 설명한다(Novakovic, 2020b: 165). 개역개정은 이 단어를 번역하지 않았고, 천주교 성경은 '게다가'라고 번역했다. ESV는 'indeed'라고 번역했고, NIV는 'in fact'라고 번역했다.

문이다.
4 그러나[5] 내가 너희에게 이것들을 말한 것은 그들의 때가[6] 오면 내가
그들에 대하여[7] 너희에게 말한 것들을 너희가 기억하게 하려는 것이
다. 그러나 내가 처음부터 너희에게 이것들을 말하지 않은 것은 내가
너희와 함께 있었기 때문이다.
5 그러나 이제[8] 나는 나를 보내신 분께로 간다. 그런데 너희 가운데 나
에게 '어디로 가십니까?'라고 아무도 묻지 않는다.
6 도리어 내가 너희에게 이것들을 말한 것 때문에 너희 마음에 근심
이[9] 가득 찼다.
7 그러나 내가 너희에게 진실을[10] 말하는데, 내가 떠나는 것이 너희에게

---

5. '그러나'는 ἀλλὰ(알라)를 번역한 것이다. 개역개정은 이 단어를 '오직'이라고 번역했다.

6. ἡ ὥρα αὐτῶν(헤 호라 아우톤)은 개역개정처럼 '그때'가 아니라, '그들의 때'이다. 이것은 16:2에 있는 박해자들이 활동할 때(the persecutor's time)를 의미한다(참고. Novakovic, 2020b: 167).

7. 개역개정은 속격 αὐτῶν(아우톤)을 번역하지 않았는데, 이 문맥에서 이 단어는 'of them(NASB)' 혹은 'about them(NRSV, NIV)'이라는 뜻이다. 따라서 이 책에서는 '그들에 대하여'라고 번역한다.

8. '그러나 이제'는 νῦν δὲ(뉜 데)를 번역한 것이다. 개역개정은 이것을 '지금'이라고 번역했다.

9. ἡ λύπη(헤 뤼페)의 뜻은 '근심(grief)' 혹은 '슬픔(sorrow)'이다(BDAG, 604). 개역개정은 이 단어를 '근심'이라고 번역했으나, 바른성경은 '슬픔'이라고 번역했다. 이 문맥에서는 '근심'이 적합하다.

10. 대격 τὴν ἀλήθειαν(텐 알레쎄이안)을 개역개정은 '실상을'이라고 번역했으나, '진실을'이라고 번역해야 한다.

유익하다. 내가 떠나지 않으면 보혜사께서[11] 너희에게 오시지 않을 것
이나, 내가 가면 내가 그분을 너희에게 보낼 것이다.
8 그분이 오시면 죄에 대하여, 의에 대하여, 그리고 심판에 대하여 세상
을 책망하실 것이다.[12]
9 '죄에 대하여'라는 것은 그들이 나를 믿지 않기 때문이며,[13]
10 '의에 대하여'라는 것은 내가 아버지께 감으로 너희가 다시 나를 보
지 못하기 때문이며,
11 '심판에 대하여'라는 것은 이 세상의 지배자가[14] 심판을 받아왔기 때
문이다.
12 내가 아직도 너희에게 할 말이 많으나, 너희가 지금은 (그것들을) 감
당할 수 없다.
13 그러나 진리의 영이[15] 오시면 그분이 너희를 모든 진리 가운데로 인

---

11. παράκλητος(파라클레토스)의 의미에 대해서 14:16의 설명을 보라.

12. Harris는 R. Brown의 견해를 인용하면서, 이것을 'prove …… wrong about'으로 설명한다(Harris, 2015: 277). NRSV는 이 문장을 'And when he comes, he will prove the world wrong about sin and righteousness and judgment.'로 번역했다.

13. ὅτι(호티)는 이유를 나타내는 절(causal clause)을 이끈다. 즉 세상이 왜 죄와 관련하여 책망을 받는지 이유를 드러낸다. 16:9~11이 모두 이런 형태를 가지고 있다. 따라서 개역개정과 달리 위와 같이 번역해야 한다.

14. ὁ ἄρχων(호 아르콘)을 개역개정은 '임금'이라고 번역했는데, '지배자(ruler)'로 번역하는 것이 좋다(참고. ESV; NASB; NRSV: 'ruler'; NIV: 'prince'). 12:31의 설명을 보라.

15. 개역개정은 τὸ πνεῦμα τῆς ἀληθείας(토 프뉴마 테스 알레쎄이아스)를 '진리의

도하실 것이니, 이는[16] 그분이 스스로 말하지 않으실 것이고, 오직 그
분이 들은 것을 말씀하실 것이며, 장래 일들을 너희에게 알려주실 것
이기 때문이다.
14 그분이 나를 영광스럽게 할 것이니,[17] 이는[18] 그분이 내 것을 받아서
너희에게 알리실 것이기 때문이다.
15 아버지께서 가지고 계신 것은 모두 내 것이다. 그러므로 내가 '그분
이 내 것을 받아서 너희에게 알리실 것이다.'라고 말했다.
16 조금 있으면 너희가 나를 보지 못하겠고, 다시 조금 있으면 너희가
나를 볼 것이다."
17 그러자 그분의 제자들 중에서 (몇몇이) 서로 말했다. "그분이 우리에
게 '조금 있으면 너희가 나를 보지 못하겠고, 다시 조금 있으면 너희
가 나를 볼 것이다. 이는 내가 아버지께 가기 때문이다.'라고 말씀하
신 것이 무슨 뜻이냐?"
18 또 그들이 말했다. "그분이 '조금 있으면'이라고 하신 말씀이 무슨 뜻

성령'이라고 번역하지만, 14:17에서는 '진리의 영'이라고 번역했다.

16. 이어지는 문장은 γὰρ(가르)가 이끄는 이유를 나타내는 절(causal clause)이다. 즉 이 문장은 성령이 신자들을 모든 진리 가운데로 이끄는 이유를 보여준다 (Novakovic, 2020b: 173). 따라서 개역개정과 달리 위와 같이 번역해야 한다.
17. 미래 능동태 직설법 3인칭 단수 δοξάσει(독사세이)는 'glorify'라는 뜻이다 (Zerwick, 1996: 334). 개역개정은 ἐμὲ δοξάσει를 '내 영광을 나타내리니'라고 번역했으나, 우리말 의미를 살려서 '나를 영광스럽게 할 것이니'라고 번역하는 것이 좋다.
18. 이어지는 문장은 ὅτι(호티)가 이끄는 이유를 나타내는 절(causal clause)이므로 개역개정과 달리 위와 같이 번역한다.

이냐? 우리는 그분이 무엇을 말씀하시는지 알지 못하겠다."
19 예수님께서 그들이 자신에게 묻고 싶어 하는 것을 아시고 그들에게
말씀하셨다. "내가 '조금 있으면 너희가 나를 보지 못하겠고, 다시 조
금 있으면 너희가 나를 볼 것이다.'라고 말한 것 때문에 너희가 서로
묻고 있느냐?[19]
20 진실로 진실로 내가 너희에게 말한다. 너희는 울며[20] 애통하겠으나,
세상은 기뻐할 것이다. 너희가 근심하겠으나,[21] 너희 근심은 기쁨으
로 바뀔 것이다.[22]
21 여자가 해산할 때가 되면 그녀의 때가 이르렀으므로 근심하지만,[23]
그녀가 아기를 낳으면 사람이 세상에 태어난 기쁨으로 말미암아 그
고통을 더 이상 기억하지 않는다.

---

19. Novakovic은 BDAG(428.2)를 인용하여 현재 능동태 직설법 2인칭 복수 ζητεῖτε(제테이테)의 원형 ζητέω가 이 문맥에서 'to seek information, investigate, examine, consider, deliberate'를 의미한다고 알려준다(Novakovic, 2020b: 178). 개역개정은 이 단어를 '문의하느냐'로 번역했으나, 바른성경과 천주교 성경처럼 '묻고 있느냐'로 번역하는 것이 낫다.

20. 개역개정에 '곡하며'로 번역된 미래 능동태 직설법 2인칭 복수 κλαύσετε(클라우세테)는 '울며'로 번역되어야 한다.

21. ἡ λύπη(헤 뤼페)의 의미에 대해서는 16:6의 설명을 참고하라.

22. εἰς χαρὰν γενήσεται(에이스 카란 게네세타이)를 개역개정은 '기쁨이 되리라'라고 번역했으나, 우리말 어감을 고려할 때 천주교 성경처럼 '기쁨으로 바뀔 것이다'로 번역하는 것이 바람직하다.

23. ἡ λύπη(헤 뤼페, '근심', '슬픔')는 요한복음에서 16장에만 네 번 나온다(16:6, 20, 21, 22).

22 그러므로 지금은 너희가 근심하지만, 내가 다시 너희를 볼 것이니,
너희 마음이 기쁠 것이며, 아무도 너희 기쁨을 너희에게서[24] 빼앗지
못할 것이다.[25]
23 그날에는 너희가 나에게 아무것도 묻지[26] 않을 것이다. 진실로 진실
로 내가 너희에게 말한다. 너희가 무엇이든지 내 이름으로 아버지께
구하면, 그분께서 너희에게 주실 것이다.[27]
24 지금까지는 너희가 내 이름으로 아무것도 구하지 않았으나, 구하라,
그러면 받을 것이니, 너희 기쁨이 충만해질 것이다.[28]

---

24. 전치사구 ἀφ' ὑμῶν(아프 휘몬)은 '너희에게서(from you)'라는 뜻이다. 개역개정은 이것을 번역하지 않았다.
25. αἴρει(아이레이)는 미래적 현재형(a futuristic present)이므로 미래형으로 번역하는 것이 좋다.
26. 미래 능동태 직설법 2인칭 복수 ἐρωτήσετε(에로테세테)는 일반적으로 'to ask for something'이란 뜻이지만, 이 문맥에서는 'to put a query to someone, to ask a question'이라는 뜻이다(Novakovic, 2020b: 182; BDAG, 395.1). 16:19와 16:30도 마찬가지이다. 그러나 16:26과 17:9에서는 '기도한다'라는 뜻으로 사용되었다(참고. 권해생, 2021: 541).
27. 이 문구는 ἄν(안)이 이끄는 조건문인데, ἄν은 ἐάν을 대체한다. 그런데 전치사구 ἐν τῷ ὀνόματί μου(엔 토 오노마티 무, '내 이름으로')로 인해 '너희가 무엇이든지 아버지께 구하는 것을 내 이름으로 너희에게 주시리라'라는 번역(개역개정)과 '너희가 무엇이든지 내 이름으로 아버지께 구하면 그분께서 너희에게 주실 것이다(바른성경)'라는 번역이 맞선다. 하지만 15:16('너희가 내 이름으로 아버지께 무엇을 구하든지 그분이 너희에게 주시게 하려는 것이다')을 생각할 때 후자의 가능성이 더 크다.
28. πεπληρωμένη(페플레로메네)는 수동태이므로 개역개정의 '충만하리라'가 아

25 내가 이것들을 너희에게 비유로 말했으나, 내가 다시는 너희에게 비
유로 말하지 않고 아버지에 대한 것을 너희에게 분명히[29] 알려줄 때
가 올 것이다.
26 그날에는 너희가 내 이름으로 구할 것이다. 내가 너희를 위하여 아
버지께 구하겠다는 말이 아니다.
27 이는 너희가 나를 사랑했고 또 내가 하나님께로부터 온 것을 너희가
믿었으므로 아버지께서 친히 너희를 사랑하시기 때문이다.
28 나는 아버지께로부터 나와서 세상에 왔다가, 다시 세상을 떠나 아
버지께로 간다."
29 그분의 제자들이 말했다. "보십시오.[30] 지금 당신은 분명히[31] 말씀하
시고 비유로 말씀하지 않으십니다.
30 우리가 지금에야 당신이 모든 것을 아신다는 것과 또 당신이 누구의
질문도 필요로 하지 않으신다는 것을[32] 알겠습니다. 이것으로 저희는

니라 '충만해질 것이다'로 번역해야 한다.

29. *παρρησίᾳ*(파레시아)를 개역개정은 '밝히'라고 번역했다. 이 단어의 의미는 '솔직히(frankly)' 혹은 '분명히(plainly)'이다. 이 단어의 의미에 대해서는 7:4와 10:24의 설명을 참고하라. 또한, 7:4, 13, 26; 11:14, 54를 보라.
30. '보십시오'는 *ἴδε*(이데)를 번역한 것이다. 개역개정은 이 단어를 번역하지 않았다. 이 단어는 주의를 환기한다.
31. *ἐν παρρησίᾳ*(엔 파레시아)를 개역개정은 '밝히'라고 번역했다. 16:25의 설명을 참고하라.
32. *οὐ χρείαν ἔχεις ἵνα τίς σε ἐρωτα*(우 크레이안 에케이스 히나 티스 세 에로타)를 직역하면 NASB처럼 'have no need for anyone to question You.'이다. 개역개정은 '사람의 물음을 기다리시지 않는 줄'이라고 번역했으나, '누구의 질문

당신이 하나님께로부터 오셨음을 믿습니다."
31 예수님께서 그들에게 대답하셨다. "이제는 너희가 믿느냐?
32 보라, 너희가 각각 제 곳으로 흩어지고 나를 혼자 버려둘 때가 오는
데, 벌써 왔다. 그러나 나는 혼자 있는 것이 아니니, 아버지께서 나와
함께 계시기 때문이다.
33 내가 너희에게 이것들을 말하는 것은 너희가 내 안에서 평안을 가지
게 하려는 것이다. 너희가 세상에서 환난을 당하나 용기를 내라.[33] 내
가 세상을 이겼다."

도 필요로 하지 않으신다는 것을'로 번역하는 것이 낫다.

33. 현재 능동태 명령법 2인칭 복수 θαρσεῖτε(싸르세이테)는 'have courage/confidence', 'take heart'라는 뜻이다(Zerwick, 1996: 336). 개역개정은 '담대하라'로 번역했으나, 이 책에서는 바른성경처럼 '용기를 내라'로 번역한다.

요한복음 17장

1 예수님께서 이것들을 말씀하시고, 두 눈을 들어 하늘을 우러러 말씀
하셨다. "아버지여, 때가 왔습니다. 당신의[1] 아들을 영광스럽게 하셔
서 아들이 당신을 영광스럽게 하게 해 주십시오.
2 당신이 그(아들)에게 주신 모든 사람에게 영생을 주게 하시려고 당신
은 모든 사람을 다스리는 권세를 그에게 주셨습니다.
3 영생은 이것이니, 곧 유일하신 참 하나님이신 당신을 아는 것과 당신
이 보내신 예수 그리스도를 아는 것입니다.
4 당신이 내게 하라고 주신 일을 내가 이루어 내가 당신을 세상에서 영
광스럽게 했습니다.
5 그러므로 이제,[2] 아버지여, 세상이 있기 전에[3] 내가 당신과 함께 누리

---

1. 이 책에서는 헬라어 원문을 가급적 직역하기 위해 17장의 기도문에서 하나님을 가리키는 2인칭 단수 *σύ*(수)를 '당신'이라고 번역한다. 개역개정을 비롯한 우리말 성경은 이를 '아버지'라고 번역했다.
2. '그러므로 이제'는 *καὶ νῦν*(카이 뉜, 'and now')을 번역한 것이다.
3. *πρὸ τοῦ τὸν κόσμον*(프로 투 톤 코스몬)을 개역개정은 '창세 전에'로 번역했으나, 여기서는 문자적으로 번역하여 '세상이 있기 전에'로 표기한다. ESV와 NRSV는 'before the world existed'로 번역했고, NASB는 'before the world was'로 번역했다.

던[4] 그 영광으로[5] 당신 앞에서[6] 나를 영광스럽게 해 주십시오.
6 당신이 세상 (사람들) 중에서 내게 주신 사람들에게 내가 당신의 이
름을 나타냈습니다. 그들은 당신의 것이었는데, 당신이 내게 주셨으
며, 그들은 당신의 말씀을 지켰습니다.
7 지금 그들은 당신이 내게 주신 모든 것이 당신께로부터 온 것임을 알
았습니다.[7]
8 이는 당신이 내게 주신 말씀들을 내가 그들에게 주었으며, 그들이 (그
것들을) 받았기 때문입니다.[8] 그래서 그들은 내가 당신께로부터 온
것을 참으로 알았으며, 또 당신이 나를 보내신 것을 믿었습니다.
9 나는 그들을 위하여 기도합니다.[9] 나는 세상을 위해서가 아니라 당

---

4. 미완료 능동태 직설법 1인칭 단수 εἶχον(에이콘)은 '가진다'라는 뜻이지만, 여기서는 문맥을 고려하여 '누린다'로 의역하는 것이 적절하다. 바른성경과 천주교성경도 '누린다'로 번역했다.

5. 대격 τῇ δόξῃ(테 독세)를 개역개정은 '영화로써'로 번역했으나, '그 영광으로'로 번역하는 것이 좋다.

6. παρὰ σεαυτω(파라 세아우토)는 'in your own presence'라는 뜻이다(Zerwick, 1996: 336; ESV; NRSV; NIV). 개역개정은 이것을 '아버지와 함께'로 번역했다. 하지만 천주교 성경은 '아버지 앞에서'로 번역했다.

7. Wallace는 이 문장에 나오는 두 개의 완료형 동사에 대해서 다음과 같이 설명한다(Wallace, 1996: 576). "The first perfect (ἔγνωκαν) is intensive, while the second perfect indicative (δέδωκάς) is better seen as extensive."

8. 이 문장은 ὅτι(호티)가 이끄는 이유를 나타내는 절(a causal clause)이다. 즉 이 문장은 17:7의 이유를 가르쳐준다. 따라서 개역개정과 달리 위와 같이 '이는…… 때문이다'라는 형식으로 번역해야 한다.

9. 요한복음 17장에서 개역개정은 ἐρωτάω(에로타오)를 거의 '비옵는다'로 번역했

신이 내게 주신 자들을 위해서 기도합니다. 이는 그들이 당신의 것이
기 때문입니다.[10]
10 내 것은 다 당신의 것이며, 당신의 것은 내 것입니다. 나는 그들로 말
미암아[11] 영광을 받았습니다.
11 나는 더 이상 세상에 있지 않으나, 그들은 세상에 있으며, 나는 당신
께로 갑니다. 거룩하신 아버지여, 내게 주신 당신의 이름으로 그들을
지키셔서 그들도 우리처럼[12] 하나가 되게 해 주십시오.
12 내가 그들과 함께 있을 때 당신이 내게 주신 당신의 이름으로 나는
그들을 지켰습니다. 그리고 내가 그들을 보호하여,[13] 그들 가운데 아
무도 멸망하지 않았고, 다만 멸망의 자식뿐이었니,[14] 이는 성경이 이

으나, 이 책에서는 우리말 어감을 고려하여 '기도한다'로 번역한다(참고. 17:9, 15, 20).

10. ὅτι σοί εἰσιν(호티 소이 에이신)은 이유를 나타내는 절(causal clause)이다. 따라서 개역개정처럼 '그들은 아버지의 것이로소이다'로 번역해서는 안 된다. ESV와 NIV는 'for they are yours.'라고 번역했고, NRSV는 'because they are yours.'라고 번역했다. 바른성경도 '이는 그들이 아버지의 것이기 때문입니다.'라고 번역했다.

11. ἐν αὐτοῖς(엔 아우토이스)는 문자적으로 'in them' 혹은 'through them'이라는 의미를 가진다(Novakovic, 2020b: 199). 여기서는 후자이다.

12. καθὼς ἡμεῖς(카쏘스 헤메이스)를 개역개정은 '우리와 같이'라고 번역했는데, 의미를 분명히 하기 위해서 '우리처럼'이라고 번역한다. 바른성경과 천주교 성경도 '우리처럼'이라고 번역했다.

13. 개역개정은 '그들을 보전하고 지키었나이다'로 번역했으나, 헬라어 원문을 위와 같은 번역하는 것이 옳다.

14. ὁ υἱὸς τῆς ἀπωλείας(호 휘오스 테 아폴레이아스)는 '멸망(파멸)할 운명인 사

루어지게 하려는 것입니다.
13 그러나 이제 나는 아버지께로 갑니다. 내가 세상에 있으면서[15] 이것
들을 말하는 것은 그들이 내 기쁨을 그들 안에 충만히 가지게 하려
는 것입니다.
14 내가 당신의 말씀을 그들에게 주었더니, 세상이 그들을 미워했습니
다. 이는 내가 세상에 속하지 않은 것같이 그들도 세상에 속하지 않
기 때문입니다.
15 내가 기도하는 것은 당신이 그들을 세상에서 데려가시기를 위함이
아니라, 그들을 그 악한 자에게서[16] 지켜 주시기를 위함입니다.
16 내가 세상에 속하지 않은 것같이 그들도 세상에 속하지 않았습니다.
17 그들을 진리로[17] 거룩하게 해 주십시오. 당신의 말씀은 진리입니다.
18 당신이 나를 세상에 보내신 것같이 나도 그들을 세상에 보냈습니다.

람('a person destined for destruction', 'a person doomed to be lost')'을 의미한다(Novakovic, 2020b: 201).

15. *ἐν τῷ κόσμῳ*(엔 토 코스모)는 '세상에서'라는 뜻이지만, 문맥을 고려할 때 천주교 성경처럼 '세상에 있으면서'로 번역하는 것이 의미를 잘 살린다.

16. *ἐκ τοῦ πονηροῦ*(에크 투 포네루)는 'from the evil one(=devil)'이라는 뜻이다(참고. Novakovic, 2020b: 204; Louw and Nida, 1988: 538~39). ESV와 NASB와 NRSV와 NIV는 모두 'from the evil one'으로 번역했다. 하지만 개역개정과 천주교 성경은 이것을 '악에(서)'로 번역했다.

17. Novakovic은 전치사구 *ἐν τῇ ἀληθείᾳ*(엔 테 알레쎄이아)를 locative('in the sphere of truth'; ESV; NRSV; Schnackenburg, 3:185), instrumental('by the truth': NIV), 혹은 둘 다(Brown, 2:761)로 보는 견해를 소개한다(Novakovic, 2020b: 205).

19 또 그들을 위하여 내가 나를 거룩하게 하오니, 이는 그들도 진리로
거룩해지게 하려는 것입니다.
20 내가 기도하는 것은 이들만을 위한 것이 아니라, 그들의 말을 통해
나를 믿을[18] 자들도 위한 것입니다.
21 아버지여, 당신이 내 안에, 내가 당신 안에 있는 것같이, 그들도 다 하
나가 되어서 우리 안에 있게 해 주십시오. 그리하여 당신이 나를 보
내신 것을 세상이 믿게 해 주십시오.
22 당신이 내게 주신 영광을 나도 그들에게 주었으니, 이는 우리가 하나
인 것같이[19] 그들도 하나가 되게 하려는 것입니다.
23 곧 내가 그들 안에 있고 당신이 내 안에 계심으로, 그들이 온전히 하
나가 되어서,[20] 당신이 나를 보내신 것과 또 당신이 나를 사랑하셨듯
이 그들을 사랑하신 것을 세상이 알게 하려는 것입니다.
24 아버지여, 당신이 내게 주신 자도 내가 있는 곳에 나와 함께 있게 하
셔서, 창세 전부터 당신이 나를 사랑하시므로 내게 주신 내 영광을

---

18. 현재 분사 *τῶν πιστευόντων*(톤 피스튜온톤)은 미래에 일어날 행동을 의미하므로 미래형으로 번역한다(참고. Novakovic, 2020b: 207). Zerwick은 이를 'who will believe'라고 설명했다(Zerwick, 1996: 337).

19. *καθὼς ἡμεῖς ἕν*(카쏘스 헤메이스 헨)을 개역개정은 '우리가 하나가 된 것같이'라고 번역했으나, 이는 '우리가 하나인 것같이(ESV와 NRSV: 'as we are one')'로 번역해야 한다.

20. *ἵνα ὦσιν τετελειωμένοι εἰς ἕν*(히나 오신 테텔레이오메노이 에이스 헨)을 ESV와 NRSV는 'that they may become perfectly one'이라고 번역했다. 그러나 Novakovic은 이 문구를 'that they may be perfected into one'으로 이해한다(Novakovic, 2020b: 210).

그들이 보게 하시기를 원합니다.
25 의로우신 아버지여, 세상은 당신을 알지 못해도, 나는 당신을 알았으
며, 이들도 당신이 나를 보내신 것을 알았습니다.
26 내가 당신의 이름을 그들에게 알게 했고, 또 알게 할 것입니다. 그리
하여 당신이 나를 사랑하신 그 사랑이 그들 안에 있고, 나도 그들 안
에 있게 하려고 합니다."

요한복음 18장

1 예수님께서 이것들을 말씀하신 후 그분의 제자들과 함께 키드론 시
내 건너편으로 나가셨다. 그곳에 동산이 있었는데, 그분이 그분의 제
자들과 함께 들어가셨다.
2 그런데[1] 예수님께서 그분의 제자들과 함께 그곳에서 가끔 모이셨으므
로 그분을 팔아넘길[2] 유다도 그 장소를 알고 있었다.
3 따라서[3] 유다가 군대와 (더불어) 대제사장들과 바리새인들에게서 얻
은 아랫사람들을 데리고 그리로 왔는데, 그들은 등불과 횃불과 무기
를 들고 있었다.
4 예수님께서는 자신에게 닥칠 모든 일을 아시고 앞으로 나아가[4] 그들
에게 "너희가 누구를 찾느냐?"라고 말씀하셨다.
5 그들은 그분께 "나자렛 예수입니다."라고 대답했다. 그분은 그들에

---

1. '그런데'는 접속사 δὲ(데)를 번역한 것이다. ESV, NIV, NRSV 등은 'now'로 번역했으나, 개역개정은 이를 번역하지 않았다. 이 책에서는 문맥을 고려하면서 의미를 살려 '그런데'로 번역한다.
2. 현재 능동태 분사 παραδιδοὺς(파라디두스)의 의미에 대해서는 12:4의 설명을 참고하라.
3. '따라서'는 접속사 οὖν(운)을 번역한 것이다. ESV, NIV, NRSV 등은 'so'로 번역했으나, 개역개정은 이를 번역하지 않았다.
4. 아오리스트 능동태 직설법 3인칭 단수 ἐξῆλθεν(엑셀쎈)의 의미를 살리기 위하여 '앞으로 나아가(NASB: 'went forth')'라고 번역한다.

게 “나다.”라고 말씀하셨다.[5] 그분을 팔아넘길 유다도 그들과 함께
서 있었다.
6 그분이 그들에게 “나다.”라고 말씀하셨을 때 그들이 물러가 땅에 엎
드러졌다.
7 이에 그분은 다시 그들에게 “너희가 누구를 찾느냐?”라고 물으셨고,
그들은 “나자렛 예수입니다.”라고 말했다.
8 예수님께서 대답하셨다. “나는 너희에게 ‘나다.’라고 말했으니, 만일
너희가 나를 찾거든 이들은 가게 하라.”
9 이는 “당신이 내게 주신 자들 중에서 내가 하나도 잃지 않았습니다.”
라고 그분이[6] 하신 말씀이 이루어지게 하려는 것이었다.
10 그때 시몬 베드로가 칼을 가지고 있었는데, 그것을 빼어 대제사장의
종을 쳐서 오른쪽 귀를 베어 버렸다. 그 종의 이름은 말고였다.
11 그러자 예수님께서 베드로에게 말씀하셨다. “그 칼을 칼집에 꽂아라.
아버지께서 내게 주신 잔을 내가 마셔야 하지 않겠느냐?”[7]
12 군대와 천부장과 유대인의 아랫사람들이 예수님을 붙잡아 결박하여,

---

5. ‘나다’는 예수님의 신적 자기 계시 어구인 *ἐγώ εἰμι*(에고 에이미)를 번역한 것이다. 4:26의 설명을 참고하라.

6. 여기서 ‘그분’은 예수님을 가리키며, 그분이 이 구절과 관련하여 하신 말씀은 6:39와 17:12에 있다.

7. *οὐ μὴ πίω αὐτό*(우 메 피오 아우토)를 개역개정은 ‘내가 마시지 아니하겠느냐’로 번역했다. 하지만 천주교 성경처럼 ‘내가 마셔야 하지 않겠느냐’로 번역하는 것이 자연스럽다. NASB는 ‘shall I not drink it?’으로 번역했다.

13 먼저 안나스에게로 끌고 갔으니, 안나스는[8] 그 해의 대제사장인 가
야바의 장인이었다.
14 가야바는 유대인들에게 "한 사람이 백성을 위하여 죽는 것이 유익하
다."라고 조언한[9] 자였다.
15 시몬 베드로와 또 다른 제자 하나가 예수님을 따라갔다. 이 제자는
대제사장과 아는 사이였으므로[10] 예수님과 함께 대제사장의 집 뜰
안으로 들어갔다.
16 베드로는 문밖에 서 있었다. 대제사장과 아는 사이인 그 다른 제자가
나와서 문을 지키는 여자에게[11] 말하여 베드로를 데리고 들어갔다.
17 그러자 문을 지키는 여종이 베드로에게 "너도 이 사람의 제자 중 하
나가 아니냐?"라고 말하자, 그는 "나는 아니다."라고 말했다.

---

8. 헬라어 원문에는 '안나스'의 이름이 나오지 않는다.

9. 아오리스트 능동태 분사 *συμβουλεύσας*(쉼불류사스)는 'give counsel', 'advise'라는 뜻이다(Zerwick, 1996: 338), 개역개정은 '권고했던'으로 번역했다.

10. *ὁ δὲ μαθητὴς ἐκεῖνος ἦν γνωστὸς τῷ ἀρχιερει*(호 데 마쎄테스 에케이노스 엔 그노스토스 토 아르키에레이)를 문자적으로 번역하면 '이 제자는 대제사장에게 알려졌기에 때문에(ESV: 'Since that disciple was known to the high priest')'이다(참고. Wallace, 1996: 126). 하지만 이를 의역하여 위와 같이 번역한다. 이어지는 18:16도 마찬가지이다.

11. 여격 명사 *τῇ θυρωρῷ*(테 쒸로로)는 문지기(doorkeeper)를 의미하는데, 이 단어가 여성형이므로 '문을 지키는 여자'라고 번역할 수 있다. 이 단어는 이어지는 18:17에서 *ἡ παιδίσκη ἡ θυρωρός*(헤 파이디스케 헤 쒸로로스)라고 표현되어 있다. 이 단어의 의미는 '문을 지키는 여종'이다.

18 날씨가 추워서 종들과 아랫사람들이 숯불을[12] 피우고 서서 쬐고 있었
는데, 베드로도 그들과 함께 서서 쬐고 있었다.
19 대제사장이[13] 예수님에게 그분의 제자들과 그분의 가르침에[14] 대해
서 물었다.
20 예수님께서 그에게 대답하셨다. "나는 드러내 놓고 세상에 말했다.
나는 모든 유대인이 모이는 회당과 성전에서 항상 가르쳤고, 은밀하
게는 아무것도 말하지 않았는데,
21 어찌하여 너는 내게 묻느냐? 내가 그들에게 무슨 말을 했는지 들은
자들에게 물어보라. 그들은 내가 한 말을 알고 있다."
22 그분이 이 말씀을 하시자, 곁에 서 있던 아랫사람 중 하나가 손으로
예수님의 뺨을 치며[15] "네가 대제사장에게 이따위로[16] 대답하느냐?"
라고 말했다.
23 예수님께서 그에게 대답하셨다. "내가 잘못 말했으면 그 잘못한 것

---

12. ἀνθρακιά(안쓰라키아)는 '숯불(charcoal fire)'이라는 뜻이다. 요한복음에서 이 단어는 이곳과 21:9에만 나온다. 개역개정은 이 단어를 이곳에서 '불'이라고 번역했지만, 21:9에서는 '숯불'이라고 번역했다.

13. 여기서 '대제사장'은 가야바가 아니라 안나스이다.

14. 속격 τῆς διδαχῆς(테스 디다케스)를 개역개정은 '교훈'이라고 번역했다.

15. Novakovic은 ῥάπισμα(라피스마)의 의미를 BDAG(904.2)를 인용하여 'a blow on the face with someone's hand, a slap in the face'라고 설명한다 (Novakovic, 2020b: 230).

16. 여기서 부사 οὕτως(후토스)는 '이런 식으로(in this manner)'라는 뜻이다 (Novakovic, 2020b: 230). 천주교 성경은 '이따위로'라고 번역했다.

에 대하여 증언하라.[17] 그러나 내가 옳은 말을 했다면[18] 네가 어찌하
여 나를 치느냐?"
24 그러자 안나스는 그분을 결박한 채로 대제사장 가야바에게 보냈다.
25 시몬 베드로는 서서 불을 쬐고 있었다. 사람들이 그에게 "너도 그의
제자 중 하나가 아니냐?"라고 물었다.[19] 그는 "나는 아니다."라고 부
인했다.
26 대제사장의 종들 가운데 하나로서 베드로에게 귀를 잘린 자의 친척
인 사람이 "당신이 그와 함께 동산에 있는 것을 내가 보지 않았느
냐?"라고 말했다.
27 베드로가 다시 부인하니 곧 닭이 울었다.
28 그들이 예수님을 가야바에게서 관정으로[20] 끌고 가니, 때는 새벽이
었다. 그들은 더럽힘을 받지 않고 유월절 음식을 먹기 위하여[21] 관정
에 들어가지 않았다.

---

17. 천주교 성경은 이 문장을 '내가 잘못 이야기하였다면 그 잘못의 증거를 대 보아라.'라고 번역했다.
18. εἰ δὲ καλῶς(에이 데 칼로스)는 '그러나 내가 옳으면'이지만, 문맥을 고려하여 위와 같이 번역한다.
19. 이 질문은 18:17b와 같다.
20. πραιτώριον(프라이토리온)은 라틴어 *praetorium*에서 온 것으로 '총독 관저'를 가리킨다.
21. ἵνα(히나)와 가정법 φάγωσιν τὸ πάσχα(파고신 토 파스카)가 결합한 것을 직역하면 '유월절을 먹기 위하여'가 된다. 개역개정은 '유월절 잔치를 먹고자 하여'로 번역했다. 하지만 문맥을 고려하여 바른성경과 천주교 성경처럼 '유월절 음식을 먹기 위하여'로 번역한다.

29 그러므로 빌라도가 그들이 있는 곳으로 나와서[22] "너희들은 무슨 일
로 이 사람을 고발하느냐?"라고 말했다.
30 그들이 그에게 "이 사람이 악한 일을 행하지 않았다면, 우리가 그를
당신에게 넘기지 않았을 것입니다."라고 대답했다.
31 빌라도가 그들에게 "너희가 그를 데리고 가서 너희 법대로 재판하
라."라고 말하자, 유대인들이 그에게 "우리에게는 사람을 죽이는 권
한이 없습니다."라고 말하니,
32 이는 예수님께서 자신이 어떻게 죽을 것인지를 보이신 말씀이 이루
어지게 하려는 것이었다.[23]
33 그러자 빌라도가 다시 관정에 들어와서 예수님을 불러 그에게 말했
다. "네가 유대인들의 왕이냐?"
34 예수님께서 대답하셨다. "이것은 네가 스스로 하는 말이냐? 아니면
다른 사람들이 나에 대해서 네게 한 말이냐?"
35 빌라도가 대답했다. "내가 유대인이냐? 네 동족과 대제사장들이 너
를 내게 넘겨주었다. 너는 무슨 일을 저질렀느냐?"[24]
36 예수님께서 대답하셨다. "내 나라는 이 세상에 속한 것이 아니다. 만
일 내 나라가 이 세상에 속한 것이었다면 내 종들이 싸워서 내가 유
대인들에게 넘겨지지 않게 했을 것이다. 그러나 지금 내 나라는 여

---

22. *ἔξω πρὸς αὐτοὺς*(엑소 프로스 아우투스)의 의미를 살리면 '그들이 있는 곳으로 나와서(ESV: 'went outside to them')'이다.

23. 이 구절은 12:33과 유사하다(Harris, 2015: 305를 보라).

24. *τί ἐποίησας*(티 에포이에사스)를 직역하면 '당신은 무엇을 행했는가?(ESV: 'what have you done?')'이지만, 우리말 어감을 살려서 위와 같이 번역한다.

기에 있지 않다."
37 그러자[25] 빌라도가 그분에게 말했다. "그러면 네가 왕이란 말이냐?"
예수님께서 대답하셨다. "내가 왕이라고 네가 말하고 있다. 내가 이
것을 위하여 태어났고 이것을 위하여 세상에 왔으니, 곧 그 진리에
대하여 증언하기 위해서이다.[26] 그 진리에 속한 자는 누구든지 내 음
성을 듣는다."
38 빌라도가 그분에게 물었다. "그 진리가 무엇이냐?" 그는 이 말을 한
후 다시 유대인들에게 나가서 그들에게 말했다. "나는 그에게서 아
무 죄도 찾지 못하겠다.
39 그러나 유월절이면 내가 너희들에게 한 사람을 놓아주는 관례가[27]
있다. 너희들은 내가 유대인들의 왕을 놓아주기를 원하느냐?"
40 그러자 그들이 다시 "이 사람이 아니라 바라바요."라고 외쳤다. 바
라바는 강도였다.

---

25. '그러자'는 οὖν(운)을 번역한 것이다. 이 단어는 transitional particle이다 (Novakovic, 2020b: 241).

26. ἵνα μαρτυρήσω τῇ ἀληθείᾳ(히나 마르튀레소 테 알레쎄이아)에서 ἵνα는 τοῦτο(투토, '이것')를 설명하는 목적절(purpose clause) 혹은 설명보족적 절(epexegetical clause)을 이끈다(Novakovic, 2020b: 242).

27. συνήθεια(쉬네쎄이아)는 'custom'을 의미한다(Zerwick, 1996: 340). 개역개정은 이 단어를 '전례'라고 번역했는데, 이 책에서는 의미를 살려서 '관례'라고 번역한다.

요한복음 19장

1 이에 빌라도가 예수님을 데려다가 채찍질했다.[1]
2 군인들은 가시나무로 관을 엮어서 그분의 머리에 씌우고 자주색 겉
옷을[2] 입히고,
3 그분께 다가와서[3] "유대인의 왕, 만세."라고 말하고,[4] 그분의 뺨을 손
으로 쳐 댔다.[5]
4 빌라도가 다시 밖으로 나와서 그들에게 말했다. "보라. 내가 그를 데
리고 너희들에게 나오겠는데, 이는 내가 그에게서 아무 죄도 찾지 못
한 것을 너희들이 알게 하려는 것이다."

---

1. Wallace는 빌라도가 직접 채찍질한 것이 아니라, 부하들이 채찍질하게 한 것이라고 설명한다(Wallace, 1996: 412).
2. ἱμάτιον(히마티온) '겉옷'이다. 개역개정은 '옷'이라고 번역했다. 13:4, 12의 설명을 참고하라.
3. 미완료 중간태 직설법 3인칭 복수 ἤρχοντο(에르콘토)는 '오다' 혹은 '가다'라는 뜻이다. 여기서는 군인들의 조롱이 담긴 행동을 반영하는데(참고. Novakovic, 2020b: 247), 이어지는 πρὸς αὐτὸν(프로스 아우톤, '그분께로')과 연관하여 '다가와서'라고 번역하는 것이 적절하다. 개역개정은 '앞에 가서'라고 번역했다.
4. 이 문구의 의미에 대해서, Wallace, 1996: 58을 참고하라.
5. '뺨을 침(slap)'에 해당하는 명사 ῥάπισμα(라피스마)의 의미에 대해서는 18:22의 설명을 보라. 이 구절에서 동사들이 모두 미완료인 것은 예수님을 조롱하는 행동이 계속해서 반복되었음을 의미한다. 따라서 개역개정에서 '때리더라'로 번역된 단어를 천주교 성경처럼 '쳐 댔다'로 번역한다.

5 이에 예수님께서 가시관을 쓰시고 자주색 겉옷을 입으신 채 밖으로
나오셨다. 그(빌라도)가 그들에게 말했다. "보라. 이 사람이다."
6 그러자[6] 대제사장들과 아랫사람들이 그분을 보고 소리쳤다. "당신은
십자가에 못 박으시오. 십자가에 못 박으시오." 빌라도가 그들에게 말
했다. "너희들이 그를 데려다가 십자가에 못 박아라. 나는 그에게서
죄를 찾지 못하겠다."
7 유대인들이 그에게 대답했다. "우리에게 법이 있는데, 그 법대로 하
면 그는 반드시 죽어야 합니다. 이는 그가 자기를 하나님의 아들이라
고 했기 때문입니다."
8 빌라도는 이 말을 듣고 더욱 두려워했다.
9 그는 다시 관정에 들어가서 예수님께 "너는 어디서 왔느냐?"[7]라고 말
했다. 그러나 예수님께서는 그에게 대답하지 않으셨다.
10 그러자 빌라도가 그에게 말했다. "너는 나에게 말하지 않을 작정이
냐?[8] 나는 너를 놓아줄 권한도 있고 십자가에 못 박을 권한도 있다는
것을 네가 알지 못하느냐?"

---

6. '그러자'는 οὖν(운)을 번역한 것이다. 개역개정은 이를 번역하지 않았다.
7. πόθεν εἶ σύ(포쎈 에이 쉬)는 '너는 어디서 왔느냐(ESV: 'where are you from?')' 라는 뜻이다. 개역개정의 '너는 어디로부터냐'는 의미가 모호하다.
8. 헬라어 원문에서 ἐμοὶ οὐ λαλεῖς(에모이 우 랄레이스)는 의문문으로 되어 있으면서, 동사는 현재형으로 되어 있어서 이를 직역하면, '너는 나에게 말하지 않느냐'가 된다. 하지만 우리말 어감을 살려서 위와 같이 번역한다. 개역개정은 '내게 말하지 아니하느냐'라고 번역했다.

11 예수님께서 그에게 대답하셨다. “그것이 위로부터[9] 너에게 주어지지
[10] 않았더라면 너는 나에 대해서 아무런 권한도 없었을 것이다. 그러
므로 나를 너에게 넘겨준 자의 죄는 더 크다.”
12 이때부터[11] 빌라도가 그분을 놓으려고 계속[12] 힘썼으나, 유대인들이
소리를 질렀다. “당신이 이 사람을 놓아주면, 당신은 가이사의 친구
가[13] 아닙니다. 누구든지 자기를 왕이라 하는 자는 가이사를 반역하
는 것입니다.”
13 빌라도는 이 말을 듣고, 예수님을 데리고 밖으로 나가서 돌을 깐 뜰,[14]
곧 히브리어로 가바다라고 하는 재판석에 앉았다.

---

9. ἄνωθεν(아노쎈)은 ‘from above’라는 뜻이다(Novakovic, 2020b: 253).
10. δεδομένον(데도메논)은 수동태이므로 개역개정의 ‘주지’가 아닌 ‘주어지지’라고 번역해야 한다.
11. ἐκ τούτου(에크 투투)는 시간의 측면에서 ‘from this time on’이라는 뜻이고, 이유의 측면에서 ‘because of this’라는 뜻이다(Novakovic, 2020b: 254). 개역성경은 ‘이러하므로’라고 번역했으나, 천주교 성경은 ‘그때부터’라고 번역했다. ESV와 NRSV와 NIV는 ‘from then on’으로 번역했다.
12. 미완료형 ἐζήτει(에제테이)는 계속해서 힘쓰는 것(to seek)을 의미한다.
13. φίλος(필로스)는 ‘친구’라는 뜻이다(Zerwick, 1996: 341). 하지만 개역개정은 ‘충신’이라고 번역했다.
14. 헬라어 λιθόστρωτος(리쏘스트로토스)는 ‘stone-paved’라는 뜻이다(Zerwick, 1996: 341; 참고. Wallace, 1996: 249; Harris, 2015: 312). ESV를 비롯한 많은 영어 성경은 ‘The Stone Pavement’라고 번역했다. 이 책에서는 개역개정을 따라 ‘돌을 깐 뜰’이라고 번역한다.

14 그날은 유월절의 준비일이었고, 때는 제육시쯤이었다.[15] 빌라도는[16]
유대인들에게 "보라.[17] 너희들의 왕이다."라고 말했다.
15 그러자 그들은 "당신은 없애 버리시오. 없애 버리시오. 그를 십자가
에 못 박으시오."라고 소리쳤다. 빌라도가 그들에게 "내가 너희들의
왕을 십자가에 못 박으라는 말이냐?"라고 말하니, 대제사장들이 "가
이사 외에는 우리에게 왕이 없습니다."라고 대답했다.
16 그러자 마침내[18] 빌라도는[19] 그분을 십자가에 못 박도록 그들에게 넘
겨주었다.
17 그들은 그분을 넘겨받았다. 그분은 자신의 십자가를 지시고 해골, 곧
히브리어로 골고타라고 하는 곳으로 나가셨다.
18 그들은 거기서 그분을 십자가에 못 박았다. 그리고 다른 두 사람도
양쪽에 못 박았고, 예수님을 가운데 두었다.
19 빌라도가 명패를[20] 써서 십자가에 붙였는데, 거기에는 '나자렛 예수,
유대인들의 왕'이라고 기록되어 있었다.

---

15. 헬라어 원문에는 '대략(about)'에 해당하는 부사 ὡς(호스)가 있어서 '제육시쯤' 이라고 번역해야 하지만, 개역개정은 '제육시라'라고 번역했다.
16. 헬라어 원문에는 '빌라도'의 이름이 없다.
17. 헬라어에서 '보라'는 주로 이어지는 것에 주의를 환기시킬 때 사용된다(Louw and Nida, 1988: 582).
18. '그러자 마침내(then at last/finally)'는 Τότε οὖν(토테 운)을 번역한 것이다 (Harris, 2015: 312).
19. 헬라어 원문에는 '빌라도'의 이름이 없다.
20. τίτλον(티틀론)은 라틴어 *titulus*를 음역한 것이다. 이 단어는 개역개정에 '패' 라고 번역되어 있는데, 이 책에서는 '명패(inscription)'라고 번역한다.

20 예수님께서 십자가에 못 박히신 곳이 도성에서 가까웠기 때문에 많
은 유대인들이 이 명패를 읽는데, 그것은 히브리어와 라틴어와 헬라
어로 기록되었다.
21 유대인들의 대제사장들이 빌라도에게 말했다. "'유대인들의 왕'이
라고 쓰지 말고, '나는 유대인들의 왕이다.'라고[21] 그가 말했다고 쓰
십시오."
22 빌라도가 대답했다. "내가 쓸 것을 썼다."[22]
23 군인들은 예수님을 십자가에 못 박고 나서,[23] 그분의 겉옷을[24] 가져
다가 네 부분으로[25] 나누어서 각각 한 부분씩 취했고, 속옷도 (취했
는데), 이 속옷은 이음매가 없이[26] 위에서부터 통으로 짠 것이었다.

---

21. βασιλεύς εἰμι τῶν Ἰουδαίων(바실류스 에이미 톤 이우다이온)을 번역하면 '나는 유대인들의 왕이다'이다. 개역개정은 이를 우리말의 의미를 살려서 '자칭 유대인의 왕'이라고 번역했다. 이 책에서는 위와 같이 직역한다.

22. ὃ γέγραφα, γέγραφα(호 게그라파, 게그라파)를 직역하면 'what I have written I have written.'이다. 이것을 우리말로 옮길 때 개역개정과 바른성경은 '내가 쓸 것을 썼다'라고 했으나, 천주교 성경은 어감을 고려하여 '나는 한번 썼으면 그만이오'라고 했다. 이것은 대제사장들의 요청에 대한 빌라도의 단호한 거절을 암시한다.

23. ὅτε(호테, 'when')가 있으므로 개역개정의 '십자가에 못 박고'가 아니라, '십자가에 못 박고 나서'로 번역하는 것이 좋다.

24. 대격 복수 τὰ ἱμάτια(타 히마티아)는 '겉옷'이다. 13:12의 설명을 참고하라.

25. '부분'에 해당하는 헬라어는 μέρος(메로스)이다. 이것을 개역개정은 '깃'이라고 번역했으나, 현대인들이 그 의미를 알기 쉽지 않으므로 '부분(part)'으로 번역한다.

26. ἄραφος(아라포스)는 'seamless'라는 뜻이다(Zerwick, 1996: 342). 개역개정

24 그들은 "이것을 찢지 말고 그것이 누구의 것이 될지 제비를 뽑자."라
고 서로 말했다. 이는 "그들이 내 겉옷을 서로 나누고 내 속옷을 가
지고 제비 뽑았습니다."라고 한 성경이 이루어지게 하려는 것이었
다. 그래서[27] 군인들이 이런 일들을 했다.
25 예수님의 십자가 곁에는 그분의 어머니와 그분의 이모와 글로바의
아내 마리아와 막달라 마리아가 서 있었다.
26 예수님께서 그분의 어머니와 그분이 사랑하신 제자가 곁에 서 있는
것을 보시고 그분의 어머니에게 "여자여, 보십시오. 당신의 아들입
니다."라고 말씀하셨다.
27 그런 후에 그분은 그 제자에게 "보라. 네 어머니이시다."라고 말씀하
셨다. 그때부터 그 제자는 그녀를 자기 집에 모셨다.
28 그 후에 예수님께서 모든 것이 이미 이루어진 것을 아시고, 성경이
이루어지게 하기 위해서 "내가 목마르다."라고 말씀하셨다.
29 거기에 신 포도주가 가득히 담긴 그릇이 있었는데, 그들이 신 포도주
를 듬뿍[28] 적신 해면을 우슬초에 매어 그분의 입에 대었다.
30 예수님께서 신 포도주를 받으신 후에 "그것이 이루어졌다."[29]라고

은 이를 '호지 아니하고'로 번역했으나, 현대인들이 그 의미를 알기가 어려움으로 '이음매가 없이'로 번역한다. 천주교 성경은 '솔기가 없이'라고 번역했다.

27. '그래서'는 μὲν οὖν(멘 운)을 번역한 것이다.

28. 이 구절에는 μεστὸν(메스톤, 'full')이 두 번 나오는데, 문맥에 따라 한 번은 '가득히(담긴)'로 번역되고, 한번은 '듬뿍(적신)'으로 번역된다. 개역개정은 뒤의 '듬뿍'을 번역하지 않았다.

29. τετέλεσται(테텔레스타이)는 완료 수동태 3인칭 단수이므로 개역개정의 '다

말씀하셨다. 그리고 그분은 머리를 숙이시고 숨을 거두셨다.[30]
31 그날은 준비일이었다.[31] 그 (이튿날인) 안식일은 큰 날이었으므로, 안
식일에 시체들을 십자가에 두지 않으려고, 유대인들은 빌라도에게
그들의 다리를 꺾어서 치워 달라고 요청했다.
32 그리하여 군인들이 가서 그분과 함께 못 박힌 첫째 사람과 또 다른
사람의 다리를 꺾었고,
33 예수님께 와서는 그분이 이미 돌아가신 것을 보고 그분의 다리를 꺾
지 않았다.
34 그러나 군인들 중 하나가 창으로 그분의 옆구리를 찌르니, 곧 피와
물이 나왔다.
35 (이것을) 본 자가 증언하였으니, 그의 증언은 참되다. 그는 자신이 진
실을[32] 말하고 있음을 알았으니, 이는 (그의 증언을) 너희도 믿게 하
려는 것이다.
36 이 일이 일어난 것은 "그의 뼈가 하나도 꺾이지 않을 것이다."라고
한 성경이 이루어지게 하려는 것이었다.

이루었다'가 아니라 '그것이 이루어졌다'로 번역해야 한다.

30. **παρέδωκεν τὸ πνεῦμα**(파레도켄 토 프뉴마)를 직역하면 'gave up his spirit' 이지만, 이것은 '죽음을 맞이하다(to die)'라는 뜻의 관용어이다(Novakovic, 2020b: 271). 개역개정은 '영혼이 떠나가시니라'로 번역했으나, 바른성경과 천주교 성경은 '숨을 거두셨다'로 번역했다. 여기서 동사가 능동태인 것은 예수님이 스스로 숨을 거두신 사실을 알려준다.

31. 이 문장은 이유를 나타내는 접속사(causal conjunction) **ἐπεὶ**(에페이)가 이끈다.

32. 대격 **ἀληθῆ**(알레쎄)는 이 문맥에서 '진실을'이라고 번역하는 것이 좋다.

37 또 다른 성경은 "그들은 자기들이 찌른 자를 볼 것이다."라고 했다.
38 이 일들 후에 아리마태아 출신[33] 요셉이 예수님의 시체를 가져가게
해 달라고 빌라도에게 요청했다. 그는 예수님의 제자이지만, 유대인
들이 두려워서 그것을 숨기고 있었다. 빌라도가 허락하자, 그가 가
서 그분의 시체를 가져갔다.
39 일찍이 그분을 밤에 찾아왔던 니고데모도 몰약과 알로에[34] 섞은 것
을 백 리트라쯤[35] 가지고 왔다.
40 그들은 예수님의 시체를 가져다가 유대인들의 장례 관습대로[36] 향료
들과[37] 함께 세마포로 쌌다.
41 그분이 십자가에 못 박히신 곳에 동산이 있고, 그 동산에는 아직 아
무도 묻힌[38] 적이 없는 새 무덤이 있었다.
42 그날은 유대인들의 준비일이었고, 또 무덤이 가까이 있었으므로, 예
수님을 거기에 두었다.

---

33. 전치사 ἀπὸ(아포)는 지명이 속격으로 되어 있을 때 '출신지(from)'를 나타낸다.
34. 개역개정에 '침향'으로 번역된 단어는 ἀλόη(알로에)이다.
35. 1리트라는 325g이다. 12:3의 설명을 참고하라.
36. ἔθος(에쏘스)는 '관습(custom)'이다. 개역개정은 '법'이라고 번역했다(참고. BDAG, 277.1).
37. 속격 복수 τῶν ἀρωμάτων(톤 아로마톤)은 '향료들(spices)'이다. 개역개정은 '향품'이라고 번역했다.
38. 완료 수동태 분사 τεθειμένος(테쎄이메노스)는 이 문맥에서 '묻힌'으로 번역하는 것이 자연스럽다.

요한복음 20장

1 그 주간의[1] 첫날 일찍이 아직 어두울 때 막달라 마리아가 무덤에 갔
고[2] 돌이 무덤에서 치워진[3] 것을 보았다.
2 그녀는 시몬 베드로와 예수님께서 사랑하시던 그 다른 제자에게 달
려가서 말했다. "사람들이 주님을 무덤에서 가져다가 그분을 어디에
두었는지 우리가 알지 못하겠습니다."
3 베드로와 그 다른 제자가 나가서 무덤으로 갔다.
4 둘이 같이 달렸는데, 그 다른 제자가 베드로보다 더 빨리 달려서 먼
저 무덤에 이르렀다.
5 그는 몸을 굽혀 세마포가 놓인 것을 보았으나, 안으로 들어가지 않

---

1. *τό σάββατον*(토 삽바톤)은 '주(week)'를 의미하거나(BDAG, 910.2), '안식일(sabbath)'을 의미한다(Zerwick, 1996: 344). 그런데 이것이 복수형일 때는 '안식일'이 아니라 '주'가 된다(Louw and Nida, 1988: 602). 개역개정은 '안식'이라고 번역하고, 난하주에 '그 주간의'라고 표기했는데, 대부분의 영어 성경은 'the week'라고 번역했다. 천주교 성경도 '주간'이라고 번역했다.
2. *ἔρχεται*(에르케타이, 'to come')를 포함한 막달라 마리아의 행동들은 모두 역사적 현재(historical present)이므로 과거로 번역한다. Novakovic, 2020b: 282의 설명을 보라.
3. 완료 수동태 분사 *ἠρμένον*(에르메논)은 'taken away'라는 뜻이다(Zerwick, 1996: 344). 개역개정은 이를 '옮겨진'이라고 번역했으나, '치워진'이라고 번역하는 것이 뜻을 더 잘 드러낸다.

았다.
6 시몬 베드로도 그를 따라와서 무덤에 들어갔다.[4] 그는 세마포가 놓여
있는 것을 보았고,
7 또 그분의 머리를 쌌던 수건도 (보았는데), 그것은 세마포와 함께 놓
여 있지 않고 따로 한 곳에[5] 개켜져 있었다.[6]
8 그제야 무덤에 먼저 온 그 다른 제자도 들어가서 보고 믿었다.
9 이는 그들이 성경에 그분이 죽은 자들 가운데서 다시 살아나셔야 한
다고 한 것을 아직 알지 못했기 때문이다.[7]
10 이에 그 제자들은[8] 다시 자기들의 집으로 돌아갔다.

---

4. 헬라어 원문의 의미를 살려서 우리말로 번역할 때 여기서 문장을 끊는 것이 좋다.
5. 전치사구 εἰς ἕνα τόπον(에이스 헤나 토폰)은 'in a place by itself'라는 뜻이다(Novakovic, 2020b: 287; ESV; NASB; NRSV). 따라서 개역개정의 '딴 곳에'보다는, 천주교 성경처럼 '따로 한 곳에'라고 번역하는 것이 좋다.
6. 완료 수동태 분사 중성 대격 단수 ἐντετυλιγμένον(엔테튈리그메논)은 'wrap/roll up'이라는 뜻이다(Zerwick, 1996: 344). 따라서 개역개정처럼 '쌌던 대로 놓여 있더라'라고 번역하는 것은 뜻이 분명하지가 않다. 바른성경과 천주교 성경처럼 '개켜져 있었다'로 번역하는 것이 바람직하다. 영어 성경들은 'rolled up' 혹은 'folded up'으로 번역한다.
7. 이 구절은 이유를 나타내는 접속사 γὰρ(가르)가 이끌기 때문에 위와 같이 번역해야 한다. 개역개정은 이 구절을 괄호로 처리했으나, 헬라어 원문에는 괄호가 없다.
8. οἱ μαθηται(호이 마쎄타이)는 '제자들'이다. 하지만 개역개정은 '두 제자'라고 번역했다. 정황상 두 제자(베드로와 그 사랑하시는 제자)이겠으나, 동행자들이 있었을 가능성을 배제할 수 없다.

11 그러나 마리아는 무덤 밖에 서서 울고 있었다. 그녀는 그렇게 울면서[9]
몸을 굽혀 무덤 안을 들여다보았다.
12 그녀는 흰옷 입은 두 천사가 예수님의 시체가 놓였던 곳에, 하나는
머리 쪽에, 하나는 발 쪽에 앉아 있는 것을 보았다.
13 천사들이[10] 그녀에게 "여자여, 어찌하여 울고 있느냐?"라고 말했다.
그녀는 그들에게 "사람들이 나의 주님을 가져다가 어디에 두었는지
내가 알지 못합니다."[11]라고 말했다.
14 그녀는 이 말을 하고 나서, 뒤로 돌아섰고, 예수님께서 서 계신 것을
보았으나, 예수님이신 줄은 알지 못했다.
15 예수님께서 그녀에게 "여자여, 어찌하여 울고 있느냐? 누구를 찾고
있느냐?"라고 말씀하셨다. 그녀는 그분이 동산지기라고[12] 생각하고,
"선생님,[13] 당신이 그분을 옮기셨거든 어디에 두었는지 내게 말씀해

---

9. ὡς οὖν ἔκλαιεν(호스 운 에클라이엔)은 개역개정처럼 '울면서'로 번역하기보다, 천주교 성경처럼 '그렇게 울면서'로 번역하는 것이 좋다. NASB는 'and so, as she wept'라고 번역했다.

10. 헬라어 원문에는 '천사들'이 표기되지 않았고, 3인칭 복수 λέγουσιν(레구신, '그들이 말한다')이 있다.

11. 이 문장은 20:2에 있는 것과 매우 비슷하다.

12. κηπουρός(케푸로스)는 'gardener'라는 뜻이다(Zerwick, 1996: 345). 이것은 신약의 *hapax legomenon*이다.

13. 헬라어 원문에는 κύριε(퀴리에, '주여')라고 되어 있으나, 문맥을 고려하고 우리말 어감을 생각할 때 '선생님'이라고 번역하는 것이 좋다. 개역개정은 '주여'라고 번역했으나, 천주교 성경은 '선생님'이라고 번역했고, 상당수 영어 성경은 'sir'라고 번역했다. Novakovic과 Zerwick과 Harris는 여기서 이 단어가 'sir'

주십시오. 그러면 내가 모셔 가겠습니다."라고 말했다.
16 예수님께서 그녀에게 "마리아야."라고 하시자, 그녀가 돌아서서 그
분께 히브리말로 "랍오니."라고 했다. 이는 '선생님'이라는 뜻이다.
17 예수님께서 그녀에게 말씀하셨다. "나를 붙들지 말라.[14] 이는 내가 아
직 아버지께 올라가지 않았기 때문이다.[15] 너는 내 형제들에게 가서
'내가 내 아버지, 곧 너희 아버지, 내 하나님, 곧 너희 하나님께 올라
간다.'라고 말하라."
18 막달라 마리아가 가서 제자들에게 "내가 주님을 보았습니다."라고
하고, 또 그분이 자기에게 이것들을 말씀하셨다고 전했다.
19 그날, 곧 그 주간의[16] 첫날 저녁에 제자들이 유대인들을 두려워하여
모인 곳의 문들을 닫았는데, 예수님께서 오셔서 가운데 서서 그들에
게 말씀하셨다. "너희에게 평강이 (있을지어다.)"[17]
20 그분은 이 말씀을 하신 후, 그들에게 그분의 손들과[18] 옆구리를 보여

라는 뜻이라고 말한다(Novakovic, 2020b: 294; Zerwick, 1996: 345; Harris, 2015: 327).

14. *μή μου ἅπτου*(메 무 합투, '나를 붙들지 말라')의 시제가 현재형인 것은 마리아가 예수님을 붙들고 있음을 암시하는 것 같다(참고. Harris, 2015: 328).

15. 이 문장은 *γὰρ*(가르)가 이끄는 이유를 나타내는 절(causal clause)이다. 따라서 개역개정과 달리 위와 같이 번역해야 한다.

16. 여기서도 *σαββάτων*(삽바톤)을 '주간'으로 번역한다. 20:1의 설명을 참고하라.

17. 헬라어 원문에는 동사 없이 **εἰρήνη ὑμῖν**(에이레네 휘민)이라고 되어 있다. 이를 직역하면 '너희에게 평화(평강)'이다(참고. 20:19, 21, 26).

18. 대격 **τὰς χεῖρας**(타스 케이라스)는 복수이므로 '손들'이라고 번역해야 한다. 개역개정은 '손'이라고 번역했다. 천주교 성경은 '두 손'이라고 번역했다.

주셨다. 그러자 제자들이 주님을 보고 기뻐했다.
21 예수님께서 다시 그들에게 "너희에게 평강이 (있을지어다.) 아버지
께서 나를 보내신 것같이 나도 너희를 보낸다."라고 말씀하셨다.
22 그분은 이 말씀을 하신 후, 그들에게 숨을 내쉬면서[19] 말씀하셨다. "너
희는 성령을 받아라.
23 너희가 누구의 죄든지 용서하면 사해질 것이며, 누구의 죄든지 그대
로 두면 그대로 있게 될 것이다."
24 열두 제자 중 하나로서 디두모라고[20] 불리는 도마는 예수님이 오셨
을 때 그들과 함께 있지 않았다.
25 그래서 다른 제자들이 그에게 "우리가 주님을 보았다."라고 말하자,
그는 그들에게 "내가 그분의 손에 있는 못 자국을 보고, 내 손가락을
그 못 자국에 넣어 보며, 내 손을 그분의 옆구리에 넣어 보지 않고서
는 믿지 않겠다."라고 말했다.
26 여드레 후에[21] 그분의 제자들이 다시 집 안에 있었고, 도마도 그들과
함께 있었다. 문들이 닫혔는데, 예수님께서 오셔서 가운데 서서 "너
희에게 평강이 (있을지어다.)"라고 말씀하셨다.

---

19. '그가 숨을 내쉬다'에 해당하는 아오리스트 능동태 직설법 3인칭 단수 ἐνεφύσησεν(에네퓌세센)은 신약의 *hapax legomenon*이다. 70인역(LXX)에서 이 단어는 창세기 2:7과 에스겔 37:9와 Wisdom 15:11에 나온다(참고. Brenton, 1978; Louw and Nida, 1988: 615).

20. Δίδυμος(디뒤모스)는 '쌍둥이'라는 뜻이다(BDAG, 242). 11:16의 설명을 보라.

21. μεθ' ἡμέρας ὀκτὼ(메스 헤메라스 옥토)는 문자적으로 '8일 후(after eight days)'이다.

27 그때 그분은 도마에게 "네 손가락을 이리 내밀어 내 손을 보아라. 그
리고 네 손을 내밀어 내 옆구리에 넣어 보아라. 그리하여 믿음 없는
자가 되지 말고, 믿는 자가 되라."라고 말씀하셨다.
28 도마는 그분께 "나의 주님, 나의 하나님."[22]이라고 대답했다.
29 예수님께서 그에게 "너는 나를 보았으므로 믿느냐? 보지 않고도 믿
는 자들은 복되다."라고 말씀하셨다.
30 예수님께서 제자들 앞에서 다른 표적들을 많이 행하셨으나, 그것들
은 이 책에 기록되지 않았다.
31 오직 이것들이 기록된 것은[23] 예수님께서 그리스도이시고, 하나님의
아들이심을 너희가 믿게 하려는 것이며,[24] 또 너희가 믿고 그분의 이
름을 힘입어 영생을 얻게 하려는 것이다.

---

22. ὁ κύριός μου καὶ ὁ θεός μου(호 퀴리오스 무 카이 호 세오스 무)를 직역하면 '나의 주님 나의 하나님'이다. 개역개정은 동사를 넣어서 '나의 주님이시요 나의 하나님이시니이다'라고 번역했다.

23. γέγραπται(게그랍타이)는 완료 수동태이므로 '기록된 것은'이라고 번역해야 한다. 개역개정은 '기록함은'이라고 번역했다.

24. πιστεύσητε(피스튜세테)에는 사본학적인 논란이 있다. 어떤 사본에는 아오리스트 가정법 πιστεύσητε라고 되어 있고, 어떤 사본에는 현재 가정법 πιστεύητε라고 되어 있다. 이들의 사본적 가치는 비슷하다. 그리하여 다수사본은 πιστεύσητε라고 표기하고, UBS5는 꺾쇠괄호를 사용하여 πιστεύ[σ]ητε라고 표기한다. 예전에는 아오리스트 가정법일 경우에는 '처음 믿는 것(회심)'이라고 생각했고, 현재 가정법일 경우에는 '기존 믿음의 강화(교육)'라고 생각하여 요한복음의 기록 목적을 결정하려고 했으나, 최근 연구에 따르면, 이 두 경우 모두 회심과 교육을 포괄한다(참고. Carson, 1987: 639~51).

요한복음 21장

1 그 후에 예수님께서 티베리아스 바다에서[1] 다시 제자들에게 자신을
나타내셨는데, 그분이 나타내신 일은 이러하다.
2 시몬 베드로와 디두모라[2] 하는 도마와 갈릴래아 카나 사람 나다나엘
과 세베대의 아들들과 그분의 다른 두 제자가 함께 있었다.
3 시몬 베드로가 그들에게 "나는 물고기 잡으러 가겠다."라고 말하자,
그들이 그에게 "우리도 너와 함께 가겠다."라고 말했다. 그들이 밖으
로 나가서 배에 올랐으나, 그날 밤에 아무것도 잡지 못했다.
4 날이 새어갈 때 예수님께서 바닷가에 서셨으나, 제자들은 (그분이) 예
수님이신 것을 알지 못했다.
5 예수님께서 그들에게 "얘들아, 너희들에게 물고기가 좀[3] 있느냐?"라
고 말씀하셨다. 그들은 "없습니다."라고 대답했다.

---

1. θάλασσα(쌀라싸)는 '바다' 혹은 '호수'라는 뜻이다. 요한복음에서 이 단어는 21장을 제외하고, 모두 6장에 나온다. 이 책에서는 6:1 이후로 이 단어를 '바다'라고 번역했으므로, 여기서도 '바다'라고 번역한다. 개역개정은 이 단어를 갈릴래아 호수와 연관하여 '바다'(21:1)와 '호수'(21:4)로 번갈아 가며 번역했다.
2. Δίδυμος(디뒤모스)는 '쌍둥이'라는 뜻이다(BDAG, 242). 이 이름은 11:16과 20:24에 나왔다.
3. '좀'은 τι(티)를 번역한 것이다. 이 단어는 'someone' 혹은 'anyone'이라는 뜻이다. 개역개정은 이 단어를 번역하지 않았다. 천주교 성경은 이 문구를 '얘들아, 무얼 좀 잡았느냐?'라고 번역했다.

6 그분이 그들에게 "그물을 배 오른쪽에 던져라. 그러면 너희가 잡을 것
이다."라고 말씀하셨다. 이에 그들이 던졌더니 물고기가 많아서 그물
을 끌어 올릴 수가 없었다.
7 그러자 예수님께서 사랑하신 그 제자가 베드로에게 "주님이시다."라
고 말했다. 시몬 베드로가 (일하느라) 벗고 있다가,[4] 주님이시라는 말
을 듣고 겉옷을[5] 두른 후에 바다에 뛰어들었다.
8 그러나 다른 제자들은 육지에서 멀리 떨어져 있지 않았고, 이백 규빗
쯤[6] 떨어져 있었기에, 작은 배를 타고 물고기가 든 그물을 끌고 왔다.
9 그들이 육지에 올라와 보니 숯불이[7] 피워져 있었고, 그 위에 생선이
놓여 있었으며,[8] 빵도[9] (놓여 있었다).

---

4. ἦν γὰρ γυμνός(엔 가르 귐노스)를 직역하면 NASB처럼 'for he was stripped'이다. 그는 일하느라 옷을 벗고 있었기에 괄호 안에 '일하느라(for work)'라는 문구를 넣는다.
5. 대격 τὸν ἐπενδύτην(톤 에펜뒤텐)은 신약의 *hapax legomenon*으로, 'outer garment'를 의미한다(BDAG, 361).
6. πῆχυς(페퀴스)는 '규빗(cubit)'이다. 1규빗은 팔꿈치에서 손가락 끝까지의 길이이다. 개역개정은 '이백 규빗'을 '오십 칸'이라고 번역했다. 200규빗은 약 90m이다.
7. 신약성경에서 ἀνθρακιά(안쓰라키아, '숯불')라는 단어는 18:18(베드로가 예수님을 부인한 곳)과 이곳에만 나온다.
8. '피워져 있었고'에 해당하는 κειμένην(케이메넨, 'to lie')과 '놓여 있었고'에 해당하는 ἐπικείμενον(에피케이메논, 'to lie on')은 모두 수동태이다. 이는 예수님에 의해서 이것들이 마련되었음을 의미한다.
9. 개역개정에서 '떡'이라고 번역된 ἄρτος(아르토스)를 이 책에서는 '빵'이라고 번역한다. 요한복음에서 이 단어는 대부분 6장에 나온다. 6:5의 설명을 보라.

10 예수님께서 그들에게 말씀하셨다. "너희가 방금[10] 잡은 생선을[11] 좀
가져오너라."
11 그러자[12] 시몬 베드로가 올라가서, 그물을 육지로 끌어 올리니, 큰 물
고기들이 가득했는데, 백쉰세 마리였다. (물고기들이) 매우 많았으나
그물이 찢어지지 않았다.
12 예수님께서 그들에게 "와서 아침을 먹어라."라고 하셨다. 제자 중 그
분께 "당신은 누구십니까?"라고 감히 묻는 자가 없었다. 그들은 주
님이신 것을 알았다.
13 예수님께서 오셔서 빵을 집어 그들에게 주시고 생선도 그와 같이 하
셨다.
14 이것은 예수님께서 죽은 자 가운데서 살아나신 후 세 번째로 제자들
에게 나타나신 것이었다.
15 그들이 아침을 먹은 후 예수님께서 시몬 베드로에게 말씀하셨다.[13]

---

10. 부사 νῦν(뉜, 'now')은 이 문맥에서 '방금'이라고 번역하는 것이 좋다. 개역개정은 '지금'이라고 번역했다.

11. 요한복음에서 '생선'에 해당하는 ὀψάριον(옵사리온)은 6:9, 11에 나온 후 여기에 처음으로 나온다.

12. '그러자'는 접속사 οὖν(운)을 번역한 것이다. 개역개정은 이를 번역하지 않았다.

13. 21:15~17에 있는 예수님과 베드로의 대화에 사용된 헬라어 단어들에 차이가 있다. 여기서 '사랑한다'에 해당하는 ἀγαπάω(아가파오)와 φιλέω(필레오)는 상호교환적(interchangeably)으로 사용된다. 그리고 '어린 양'에 해당하는 ἀρνίον(아르니온)과 '양'에 해당하는 πρόβατον(프로바톤)이 함께 사용되고, '먹이다'에 해당하는 βόσκω(보스코)와 '치다'에 해당하는 ποιμαίνω(포이마이노)가 함께 사용된다. 이것은 요한의 전형적인 기법이다(권해생, 2021: 696을 보

"요한의 아들 시몬아, 네가 이 사람들보다[14] 나를 더 사랑하느냐?" 그
가 그분께 말했다. "예, 주님, 제가 당신을 사랑하는 것을 당신께서 아
십니다." 그분이 그에게 말씀하셨다. "너는 내 어린 양들을 먹여라."
16 그분이 다시 두 번째로 그에게 말씀하셨다. "요한의 아들 시몬아, 네
가 나를 사랑하느냐?" 그가 그분께 말했다. "예, 주님, 제가 당신을
사랑하는 것을 당신께서 아십니다." 그분이 그에게 말씀하셨다. "너
는 내 양들을 쳐라."
17 그분이 세 번째로 그에게 말씀하셨다. "요한의 아들 시몬아, 네가 나
를 사랑하느냐?" 베드로는 그분이 세 번이나[15] "네가 나를 사랑하느
냐?"라고 말씀하시므로 근심했다. 그래서 그는 그분께 말했다. "주님,
당신은 모든 것을 아십니다. 제가 당신을 사랑하는 것을 당신께서 아
십니다." 예수님께서 그에게 말씀하셨다. "너는 내 양들을 먹여라."
18 "진실로 진실로 내가 너에게 말한다. 네가 젊었을 때는 스스로 띠를
띠고[16] 네가 원하는 곳으로 다녔으나, 네가 늙어서는 네가 네 두 손

라). 따라서 이런 단어의 차이가 의미의 차이를 만들어내지는 못한다.

14. 속격 복수 τούτων(투톤)은 남성('이 사람들')일 수도 있고, 중성('이것들')일 수도 있다. 만일 남성으로 본다면 '다른 제자들'을 가리키고, 중성으로 본다면 '물고기와 그물과 배'를 가리킨다(참고. Novakovic, 2020b: 327). 혹은 주님이 둘 다('이 사람들'과 '이것들')를 가리키셨을 수도 있다. 이 책에서는 개역개정의 번역을 따라 이 단어를 '이 사람들'로 번역하지만, '이것들'을 배제하지 않는다.
15. 대격 τὸ τρίτον(토 트리톤)은 'the third time'이라는 뜻이다. 개역개정은 이 단어를 '세 번째'로 번역했으나, 이 문맥에서는 천주교 성경처럼 '세 번이나'로 번역하는 것이 자연스럽다.
16. 여기서 '띠를 띤다'에 해당하는 미완료 능동태 직설법 2인칭 단수 ἐζώννυες(에

을[17] 뻗칠 것이니, 다른 사람이 네게 띠를 띄울 것이고, 네가 원하지
않는 곳으로 데려갈 것이다."
19 그분이 이 말씀을 하신 것은 베드로가[18] 어떠한 죽음으로 하나님께
영광을 돌릴 것인지를 가리키신 것이다. 그분은 이 말씀을 하신 후
그에게 "너는 나를 따르라."라고 말씀하셨다.
20 베드로가 돌아서서 예수님께서 사랑하신 그 제자가 (그들을) 따르고
있는 것을 보았다. 그는 만찬 자리에서[19] 그분의 품에 기대어 "주님,
당신을 팔아넘길 자가 누구입니까?"라고 물었던 자이다.
21 이에 베드로가 그를 보고 예수님께 말했다. "주님, 이 사람은 어떻게
되겠습니까?"
22 예수님께서 그에게 말씀하셨다. "내가 올 때까지 내가 그를 살아 있

존뉘에스)는 허리띠를 띤다는 뜻으로 옷을 입을 때의 마지막 동작이다. 따라서 이는 옷을 갖추어 입는 것을 의미한다(참고. Novakovic, 2020b: 330).

17. 목적격 복수형 *τὰς χεῖράς*(타스 케이라스)는 개역개정처럼 '팔'이 아니라, '손들(hands)'이다.

18. 헬라어 원문에는 '베드로'의 이름이 나오지 않는다.

19. *ἐν τῷ δείπνῳ*(엔 토 데이프노)는 'during the supper(ESV)' 혹은 'at the supper(NASB, NRSV)'라는 뜻이다. 개역개정은 이를 '만찬 자리에서'라고 번역했다. 그날의 특별한 식사(마지막 식사)를 가리킨다는 측면에서 이를 '만찬'이라고 번역하는 것은 적절하다(참고. 13:2).

20. 현재 능동태 부정사 *μένειν*(메네인)은 '머물다(remain)'라는 뜻이다. 개역개정은 이 단어를 직역하여 '머물게'로 번역했으나, 이 책에서는 문맥을 고려하여 '살아 있게'로 번역한다.

게[20] 하고자 할지라도, 네게 무슨 상관이냐?[21] 너는 나를 따르라."
23 이 말씀이 형제들에게 퍼져 나가서 그 제자는 죽지 않을 것이라고들
했으나, 예수님께서는 그가 죽지 않을 것이라고 말씀하신 것이 아니
라, "내가 올 때까지 내가 그를 살아 있게 하고자 할지라도, 네게 무
슨 상관이냐?"라고 말씀하신 것이었다.
24 이 일들을 증언하고 이 일들을 기록한 그 제자가 이 사람이다.[22] 우
리는 그의 증언이 참되다는 것을 안다.
25 예수님께서 행하신 일들은 이 밖에도 많다. 만일 그것들이 낱낱이
기록된다면, 이 세상이라도 그 기록된 책들을 두기에 부족할 것이라
고 나는 생각한다.[23]

---

21. τί πρὸς σέ(티 프로스 세)가 없는 사본(א* C[2vid] 1 565 it[a,e] 등)도 있으나, 이는 필사자들의 오류로 보인다(Metzger, 1994: 221). 다수사본과 UBS5는 이 문구를 모두 표기한다. 이 문구를 직역하면 'what to you'이다(Novakovic, 2020b: 333). 개역개정은 이를 '네가 무슨 상관이냐'로 번역했다. Louw and Nida는 이 문장을 'Why are you worried about that?', 'Why are you concerned about that?', 'Why is that your concern?'이라는 뜻으로 이해했다(Louw and Nida, 1988: 637).
22. 이 문장에서 '이 일들(τούτων[투톤])'과 '이것들(ταῦτα[타우타])'은 모두 요한복음 전체를 가리킨다(Harris, 2015: 346).
23. οἶμαι(오이마이)를 개역개정은 '아노라'로 번역했다. ESV와 NASB와 NRSV와 NIV는 'suppose'로 번역했다(참고. Louw and Nida, 1988: 639). 이 책에서는 '생각한다'로 번역한다. 이에 대해서, 김선욱, 2020: 98~126을 보라.

참고문헌

권해생. 『요한복음』. 개정판. 서울: 총회출판국, 2021.

김선욱. 「요한복음 21:24~25에 나타난 인칭 변화 연구와 οἶμαι의 번역 재고」. 『성경원문연구』 46 (2020): 98~126.

김주한. 「요한복음 7:15의 분사구 me memathekos의 새로운 이해」. 『성경원문연구』 34 (2014): 110~27.

대한성서공회. 『개역개정』. 4판. 서울: 대한성서공회, 2005.

박영진. 「요한복음 6:32에 나타난 οὐ~ ἀλλ'~ 구문에 대한 소고」. 『성경원문연구』 28 (2011): 109~27.

송영목. 「요한복음 1~12장에 나타난 p^{66}과 p^{75}의 용례 분석」. 『신약연구』 14.2 (2015): 183~205.

정창욱. 「요한복음 4:43~45의 논리적 연결」. 『성경원문연구』 22 (2008): 122~38.

주교회의 성서위원회. 『성경』. 서울: 가톨릭출판사, 2019.

채은하. 「장애인의 시각에서 본 한글 공인 번역 성경들의 장애인 호칭과 대안」. 『성경원문연구』 30 (2012): 140~60.

한국성경공회. 『바른성경』, 2판. 서울: 한국성경공회, 2009.

황원하. 『요한복음』. 서울: SFC 출판부, 2017.

BDAG. Chicago: The University of Chicago Press, 1993.

Beale, G. K. and Carson, D. A. (eds) *Commentary on the New Testament Use of the Old Testament*. Grand Rapids: Baker Academic, 2007.

Beasley-Murray, G. R. *John*. Waco: Word Books, 1987.

Brenton, C. L. *The Septuagint Version of the Old Testament and Apocrypha with an English Translation*. Grand Rapids: Zondervan, 1978.

Carson, D. A. "The Purpose of the Fourth Gospel: John 20:31 Reconsidered," *Journal of Biblical Literature* 106 (1987): 639~51.

Harris, M. J. *John: Exegetical Guide to the Greek New Testament.* Nashville: B&H Publishing Group, 2015.

Liddell, H. G. and Scott, R. *Greek-English Lexicon.* Oxford: The Clarendon Press, 1980.

Louw, J. P. and Nida, E. A. *Greek-English Lexicon of the New Testament based on Semantic Domains*, 2 Vols., New York: United Bible Societies, 1988.

Martyn, J. L. *History and Theology in the Fourth Gospel*, 3rd ed., Louisville: Westminster John Knox, 2003.

Metzger, B. M. *A Textual Commentary on the Greek New Testament*, 2nd ed., New York: United Bible Societies, 1994.

Newman, B. M. and Nida, E. A. *A Handbook on the Gospel of John.* New York: United Bible Societies, 1980.

Novakovic, L. *John 1~10: A Handbook on the Greek Text.* Waco: Baylor University Press, 2020.

______. *John 11~21: A Handbook on the Greek Text.* Waco: Baylor University Press, 2020.

Porter, S. E. *Idioms of the Greek Testament.* Sheffield Academic Press, 2005.

Van der Watt, J. G. "Double Entendre in the Gospel according to John." In *Theology and Christology in the Fourth Gospel: Essays by the Members of the SNTS Johannine Writings Seminar.* Edited by G. van Belle et als. Leuven: Leuven University Press, 2005: 463~81.

Waetjen, H. C. "Logos πρὸς τὸν θεόν and the Objectification of Truth in the Prologue of the Fourth Gospel." *Catholic Biblical Quarterly* 63/2 (2001): 265~86.

Wallace, D. B. *Greek Grammar Beyond the Basics.* Grand Rapids: Zondervan, 1996.

Zerwick, M. A *Grammatical Analysis of the Greek New Testament*, 5th ed. Roma: Pontificio Instituto Biblio, 1996.

<총회성경연구소 소개>

총회성경연구소(KBI: Kosin Bible Institute)는 대한 예수교 장로회 총회(고신) 직속 기구로서 성경원문의 번역, 본문비평, 본문연구, 배경연구 등을 통해서 목회자들과 성도들이 성경에 대하여 가진 의문 사항들을 풀어주는 것을 목적으로 설립되었다. 총회성경연구소는 이러한 목적을 수행하기 위해서 저널 성경연구(BiblicalStudies)를 발간하며, 기획시리즈로 성경 원문새번역 노트 시리즈를 출간하고 있다. 독자적인 홈페이지(http://www.kosinbible.com/)를 운영하고, 다양한 세미나를 개최하고 있다. 본 연구소를 통하여 고신 총회 내외의 목회자들과 신학생들과 성경연구자들이 큰 도움을 얻기를 기대한다.

<총회성경연구소 조직>

- 소장 : 김하연
- 부소장 : 김성수 / 편집장 : 송영목
- 서기 : 감기탁 / 회계 : 지호영
- 연구위원: 황원하(연구위원장) 권기현 기동연 김성수 김재수 문장환 박우택 변종길 송영목 송재영 신득일 이기업 주기철 최만수 최승락 최윤갑 김성진 김창훈 강화구 김명일 이원재 권해생 문세원
- 교육위원: 권기현(교육위원장) 신민범 김홍석 박신웅
- 운영위원: 김하연 김성수 송영목 황원하 권기현 감기탁 지호영 총회신학위원장(당연직)
- 자문위원: 장희종 박영호

<총회성경연구소 후원>

본 시리즈는 하나님의 말씀을 사랑하는 후원자들의 후원과 열정으로 만들어지고 있습니다.

<후원교회>

가음정교회/고현교회/관악교회/남산교회/달성교회/대구삼승교회/명덕교회/산성교회/
새하늘시민교회/소망교회/안양일심교회/용호중앙교회/은성교회/제일영도교회/
창원새순교회 (가나다순)

<개인후원자>

차태범/조영주/강대석/김리브가/김성우/김에스라/서일권(부산)/서일권-이선희(포항)/
이승현/최정범/전미경/전해영/정미향/정임순/박기준-차민정/강은정/강해천/김기일/
김수영/박선우/박은지/박정일/박현우/배수경/안아령/이정희/정연주/허세영/허영미/
신수복/한성진/강은수 (무순)